O sentido de um fim

●●--

Frank Kermode

O sentido de um fim

Estudos sobre a teoria da ficção

tradução
Renato Prelorentzou

todavia

in memoriam
J. P. K.
1894-1966

Não é possível existir o tempo sem uma alma (para contá-lo).

Aristóteles

a more severe,
More harassing master would extemporize
Subtler, more urgent proof that the theory
Of poetry is the theory of life

As it is, in the intricate evasions of as,
In things seen and unseen, created from nothingness,
The heavens, the hells, the worlds, the longed-for lands.*

Wallace Stevens

---

* Em tradução livre: "um mestre/ Mais severo e mais implacável iria improvisar/ Prova mais sutil e urgente de que a teoria/ Da poesia é a teoria da vida// Tal como é, nas intrincadas evasões do como,/ Nas coisas vistas e não vistas, criadas do nada,/ Os céus, os infernos, os mundos, as terras ansiadas". Wallace Stevens, "An Ordinary Evening in New Haven". [N.T.]

Prefácio 11

1. O Fim 13
2. Ficções 43
3. Mundo sem fim nem começo 73
4. O Apocalipse moderno 97
5. Ficção literária e realidade 129
6. Confinamento solitário 155

Epílogo: *O sentido de um fim*, 1999 183

Notas 201

Prefácio

Este livro consiste nas palestras da conferência Mary Flexner proferidas na Bryn Mawr College no outono de 1965. Além de me honrar com o convite, a instituição multiplicou minha dívida para além de qualquer expectativa de pagamento com toda a sua hospitalidade durante as seis semanas de minha estadia. Ao reitor, ao corpo docente e às alunas (que tanto contribuíram para o debate), ofereço este módico gesto de gratidão, sabendo que ninguém se sentirá menosprezado se eu mencionar em especial o quanto minha esposa e eu devemos a Mary Woodworth.

Existem também dívidas mais antigas: o fato de mencioná-las apenas de passagem não as deixará menores nem contentará meus credores. Muitas das leituras, reflexões e conversas preliminares se deram ao longo de uma estada idílica no Centro de Estudos Avançados da Wesleyan University. Acredito que Paul Horgan, o diretor, não precise de provas de meu afeto e gratidão, assim como os amigos do corpo docente wesleyano. Devo nomear dois outros amigos, que enfrentaram e aprimoraram os primeiros rascunhos: R. J. Kauffman, da Rochester University, e J. B. Trapp, do Warburg Institute.

Como o propósito deste livro é muito mais fazer sugestões e iniciar um debate que liquidar qualquer um dos problemas apresentados, encontrei-me diante de algumas dificuldades quando comecei a prepará-lo para a publicação. Meu intuito original era escrever longas notas e apêndices, em parte para reconhecer com mais ênfase a influência de certos livros, em parte para me referir a muitos outros que talvez tenham orientado o curso de meu pensamento, mas ficaram de fora da argumentação. Depois vi que isso provavelmente diminuiria qualquer força que essas explorações pudessem ter e que minha melhor diretriz talvez fosse, ao contrário, reduzir as notas ao mínimo e levar para algum outro lugar quaisquer investigações secundárias que me ocorressem. Então revisei o texto sem mudanças substanciais: as palestras estão um pouco mais longas que antes, mas se apresentam aqui quase como as proferi em Bryn Mawr entre outubro e novembro de 1965. O título da série originalmente era *The Long Perspectives* [As longas perspectivas]. Espero que aprovem a alteração lá em Bryn Mawr.

F. K.
Bristol — dezembro de 1966

I.
O Fim

> [...] *começa então o Juízo Final,
> e sua Visão é Contemplada pelo
> Olho Imaginativo de Cada um
> segundo a situação que ocupe.*
>
> Blake

> *podemos apenas*
> *Caminhar pela comedida*
> *Londres, nossa culta cidade,*
> *Desejando chorar tão livremente*
> *quanto os que morreram*
> *Na Idade da Fé. Temos nossa solidão*
> *E nosso pesar para construir*
> *uma escatologia.*
>
> Peter Porter

Não se espera dos críticos, como se espera dos poetas, que nos ajudem a dar sentido à nossa vida: os críticos estão fadados apenas a tentar a façanha menor de dar sentido às maneiras como tentamos dar sentido à nossa vida. Esta série de palestras se dedica a essa tentativa, e sei muito bem que nem os bons livros nem os bons conselhos a purgaram da ignorância e do olhar embotado; mas me consola a convicção de que o tema seja infalivelmente interessante, sobretudo neste momento da história em que talvez esteja mais difícil que nunca aceitar os precedentes da criação de sentido — acreditar que qualquer maneira anterior de satisfazer a necessidade de se conhecer a forma da vida em relação às perspectivas do tempo ainda possa ser suficiente.

Vocês devem se lembrar do pássaro dourado do poema de Yeats: ele cantava sobre o que era passado, o que ia passando e o que estava por vir — assim despertou o interesse de um imperador sonolento. Para tanto, o pássaro tinha de estar "fora da natureza": falar humanamente sobre vir a ser e conhecer é tarefa do ser puro e, no poema, esse ser é humanamente representado por um pássaro artificial. "O artifício da eternidade" é uma perífrase notável para "forma", para os formatos que consolam as gerações agonizantes. Nesse aspecto, faz pouca diferença — embora faça alguma diferença — acreditar que o mundo tem 6 mil ou 5 bilhões de anos, achar que o tempo vai se encerrar ou que o mundo é eterno: ainda haverá a necessidade de falar humanamente da importância de uma vida em relação a tudo isso — a necessidade, durante toda a existência, de pertencer, de se colocar em relação a um começo e a um fim.

O médico Alcmeão observou, com a concordância de Aristóteles, que os homens morrem porque não conseguem juntar o princípio ao fim. O que eles, homens agonizantes, sabem fazer é imaginar uma significação para si em acontecimentos que não podem ser lembrados, mas que podem ser imaginados. Uma das maneiras pelas quais o fazem é criar objetos em que tudo o que existe está em concórdia com todo o resto e nada mais há, o que implica um arranjo que espelha as disposições de um criador, real ou possível:

[...] *as the* Primitive Forms *of all*
(*If we compare great things with small*)
Which without Discord *or* Confusion *lie,*
In that strange Mirror *of the* Deitie.*

---

* Em tradução livre: "[...] como as *Formas Primitivas* de tudo/ (Se compararmos grandes coisas com pequenas)/ Que sem *Discórdia* ou *Confusão* repousam/ Naquele estranho *Espelho* da *Deidade*". Abraham Cowley, "Ode of Wit". [N. T.]

Esses modelos de mundo tornam tolerável o momento entre o início e o fim — ou pelo menos mantêm a nós, imperadores sonolentos, despertos. Existem outros profetas além do pássaro dourado, e somos capazes de decidir se são falsos ou obsoletos. Falarei não apenas sobre a persistência das ficções, mas sobre sua verdade e também sua decadência. Além disso, há o problema de nossa crescente desconfiança das ficções em geral. Mas parece que ainda precisamos delas. Em um mundo que não é nosso, nossa pobreza — para tomar de empréstimo aquele rico conceito de Wallace Stevens — é tão grande que exige uma preocupação contínua com a ficção sempre cambiante.

Começo discutindo as ficções do Fim — as maneiras pelas quais, sob pressões existenciais diversas, imaginamos os fins do mundo. Suponho que isso fornecerá pistas sobre de que modos as ficções — cujos fins estão em consonância com as origens e em concordância, ainda que inesperada, com seus precedentes — satisfazem nossas necessidades. Começamos, então, pelo Apocalipse, que termina, transforma e é concordante.

Em linhas gerais, o pensamento apocalíptico é mais próprio das visões de mundo retilíneas que das cíclicas, embora essa não seja uma distinção nítida — nem mesmo no pensamento judaico havia uma verdadeira apocalíptica até a profecia falhar, pois a apocalíptica judaica pertence àquilo que os estudiosos chamam de Período Intertestamentário. Mas, basicamente, pensa-se em uma série ordenada de acontecimentos que se encerra não em um grande Ano-Novo, mas em um Sabá final. Os eventos derivam seu significado de um sistema unitário, não de sua correspondência com eventos de outros ciclos.

Isso muda os próprios acontecimentos e as relações temporais entre eles. Em Homero,[1] pelo que nos dizem, os episódios odisseicos estão relacionados por sua correspondência a um ritual cíclico: o tempo entre eles é insignificante ou nulo. Ao descrever o progresso de Eneias da cidade caída de

Troia a uma Roma que simboliza um império sem fim, Virgílio está mais próximo de nossa tradição apocalíptica, e é por isso que seu *imperium* se incorporou à apocalíptica ocidental como um tipo da Cidade de Deus. Na viagem de Eneias, os episódios se relacionam internamente: todos existem sob a sombra do fim. Erich Auerbach apresenta um argumento semelhante no capítulo de abertura de *Mimesis*, no qual contrasta o relato da cicatriz de Ulisses com o do sacrifício de Isaac: este segundo tem de ser continuamente modificado por referência ao que se conhece do plano divino desde a Criação até os Últimos Dias, está perpetuamente aberto à história, à reinterpretação — lembremo-nos de como era central para Kierkegaard — nos termos das novas maneiras humanas de falar sobre a forma única do mundo. A *Odisseia* não é aberta desse jeito. Virgílio e Gênesis pertencem às nossas ficções determinadas por um fim: suas narrativas se encontram naquilo que Dante chama de ponto em que todos os tempos estão presentes — *il punto a cui tutti li tempi son presenti* — ou à sua sombra. Isso dá a cada momento sua plenitude. E, embora para nós o Fim talvez tenha perdido sua ingênua *iminência*, sua sombra ainda se estende sobre as crises de nossas ficções; podemos chamá-lo de *imanente*.

Trata-se de uma posição que tentarei justificar na segunda palestra. Enquanto isso, permitam-me tomá-la como pressuposto. Em seus traços gerais, nossas ficções certamente se afastaram da simplicidade do paradigma: fizeram-se mais "abertas". Mas ainda têm — e, até onde se pode prever, continuarão tendo — uma relação real com ficções mais simples sobre o mundo. O Apocalipse é um exemplo radical dessas ficções e uma fonte para outras. Falarei sobre ele enquanto tipo e também enquanto fonte. Devido às minhas próprias limitações e porque o fim de uma palestra é sempre imanente, precisarei fazer cortes drásticos; mas, mesmo que me concentre nos aspectos do tema que são mais importantes para meu argumento, farei-o, assim espero, sem falsear os outros.

A Bíblia é um modelo familiar de história. Começa no início ("No princípio...") e termina com uma visão do fim ("Ora vem, Senhor Jesus"); o primeiro livro é Gênesis; o último, Apocalipse. Idealmente, trata-se de uma estrutura toda concordante, o fim está em harmonia com o início, o meio, com o início e o fim. É comum que se considere que o fim, o Apocalipse, resume toda a estrutura, o que só pode ser feito por figuras que prevejam aquela parte que não foi revelada historicamente. Se o Livro da Revelação (ou Livro do Apocalipse) foi entrando só aos poucos no cânone — ainda não é aceito pela ortodoxia grega —, talvez tenha sido por causa da desconfiança erudita da interpretação um tanto literal das figuras. Mas, uma vez estabelecido, mostrou — e continua mostrando — uma vitalidade e riqueza que sugerem sua consonância com as mais ingênuas de nossas necessidades de ficção.

Os homens, assim como os poetas, quando nascem precipitam-se "para o meio das coisas", *in medias res*;[2] eles também morrem *in mediis rebus* e, para dar sentido a seu lapso de tempo, precisam de concórdias fictícias com origens e fins, de modo a conferir significação a vidas e a poemas. O Fim que imaginam refletirá suas preocupações irredutivelmente intermediárias. Eles o temem e, até onde conseguimos ver, sempre temeram: o Fim é uma figura de suas próprias mortes. (E talvez o sejam todos os fins na ficção, mesmo quando representados, como o foram, por exemplo, nos escritos de Kenneth Burke, como descargas catárticas.)

Às vezes se argumenta — como dois críticos muito diferentes, D. H. Lawrence e Dr. Austin Farrar[3] — que por trás da Revelação se encontra um conjunto estritamente inexplicável de mitos que foram sobrepostos por aplicações tópicas ulteriores. Mas que necessidade humana pode ser mais profunda que humanizar a morte comum? Quando sobrevivemos, fazemos pequenas imagens de momentos que pareciam fins: vamos prosperando de época em época. Fowler observou com austeridade que, se nos levássemos sempre a sério demais ao falar do "fim de uma era", viveríamos em incessante transição — e, tempos depois, Harold Rosenberg disse com igual seriedade que, de fato, vivemos.[4] Os estudiosos se dedicam à época e os filósofos — notadamente Ortega y Gasset[5] e Jaspers[6] — tentaram dar definição ao conceito. O problema está todo nas nossas mãos, é claro; mas nosso interesse por ele reflete nossa profunda necessidade de Fins inteligíveis. Nós nos projetamos — uns poucos e humildes eleitos, talvez — para além do Fim, de modo a ver a estrutura inteira, algo que não podemos fazer do lugar no tempo que ocupamos no meio das coisas.

O Apocalipse depende de uma concordância entre passado imaginativamente registrado e futuro imaginativamente previsto, concordância essa alcançada em nosso nome, nós que permanecemos "no meio das coisas". Suas previsões, ainda que figurativas, *podem* ser tomadas em termos literais e, à medida que o futuro avança sobre nós, talvez esperemos que esteja em conformidade com as figuras. Dessa expectativa surgem muitos embaraços. Fazemos perguntas como: quem é a Besta da Terra? E a Mulher Vestida de Sol? O que significa tal número e a que eventos se referem os Sete Selos? Onde, no corpo da história, devemos procurar as marcas desse reinado de três anos e meio? O que é Babilônia, quem é o Cavaleiro Fiel e Verdadeiro? Temos certeza de que, de nosso ponto de vista especial, conseguimos decifrar as divisões da história de acordo com essas figuras e só podemos estar certos — afinal, o estado do mundo mostra com muita clareza que está chegando o segundo advento, *donec finiatur mundus corruptionis*. A grande maioria das interpretações do Apocalipse pressupõe que o Fim está muito próximo. Em consequência, a alegoria histórica sempre precisa de revisões constantes; o tempo a desacredita. E isto é importante: o Apocalipse pode ser desconfirmado sem ser desacreditado — o que faz parte de sua extraordinária resiliência. E também pode absorver interesses mutantes, apocalipses rivais, como os escritos sibilinos. É paciente com mudanças e sofisticações historiográficas. Permite-se ser difundido, misturado a outras variedades de ficção — tragédias, mitos do Império e da Decadência, por exemplo — e, ainda assim, consegue sobreviver sob formas muito ingênuas. É bem provável que até mesmo o mais sofisticado de nós às vezes se veja suscetível a reações ingênuas ao Fim.

Vejamos, por um momento, algumas características do apocalipticismo ingênuo. Os cristãos primitivos foram os primeiros a experimentar a desconfirmação de prenúncios literais; já se disse que as apostasias do segundo século foram consequência desse "desespero escatológico", como Bultmann o denomina.[7] Mas a desconfirmação literal é contraposta pela tipologia, pela aritmologia e talvez pela vivacidade dos quiliastas em geral. Assim, é possível atribuir uma previsão equivocada a um erro de cálculo, seja aritmético ou alegórico. E, se alguém insistir que Nero é o Anticristo ou que Frederico II é o Imperador dos Últimos Dias, não precisa ficar muito desapontado caso seu escolhido morra cedo demais, uma vez que, nesse nível de abstração histórica, sempre se pode acreditar que ele retornará em um momento mais conveniente — e ainda será possível encontrar textos sibilinos para amparar seu argumento.

Com essa liberdade, esse poder de manipular os dados para alcançar a consonância almejada, é possível fazer com que o Fim ocorra em qualquer data que se deseje, claro. O mais famoso de todos os Fins previstos, no entanto, foi o ano 1000 d.C. Hoje, acredita-se que os historiadores de então exageraram os "Terrores" daquele ano, mas não se pode duvidar que ele de fato produziu uma típica crise apocalíptica. A opinião de Santo

Agostinho de que o milênio seria os primeiros mil anos da era cristã sustentava o sentimento de que o mundo estava chegando a seu termo e de que se sucederiam os acontecimentos do Apocalipse — já sob uma forma iconográfica memorável. Os Terrores e a Decadência são dois dos aspectos recorrentes do padrão apocalíptico; em geral, a decadência está associada à esperança de renovação. A crise do ano 1000 também ilustrou outra característica permanente do padrão, a qual chamarei de ceticismo letrado. A Igreja via com maus olhos previsões precisas do Fim. Um de seus protestos foi o *Libellus de Antechristo* de Adso, monge que, no ano de 954, argumentou não ser possível prever o fim do mundo e que, de toda maneira, este não poderia chegar antes da completa restauração do Império (em última análise, uma doutrina sibilina). O fim só poderia vir depois que um imperador franco, ao estabelecer um reinado universal pacífico, fincasse seu cetro no monte das Oliveiras. A Igreja tentou com toda persistência desmitologizar o Apocalipse, embora Adso estivesse desacreditando as ficções aritmológicas ao substituí-las por ficções imperiais que nos parecem igualmente fantásticas. Na verdade, a mitologia do Império e a do Apocalipse são muito próximas. De toda maneira, havia, entre os letrados, algo que se poderia chamar de ceticismo: o reconhecimento de que as previsões aritméticas do Fim estavam fadadas a ser desmentidas.

Quando chegou o ano 1000, ocorreram alguns prodígios e uma breve mas sibilina *entente* entre o imperador e o papa (Otto III e Silvestre II, tão odiado pelos historiadores protestantes). Emitiram-se selos com lendas imperiais; um deles trazia uma figura alegórica de Roma e a inscrição *renovatio imperii Romani*. O manto da coroação do imperador foi bordado com cenas do Apocalipse. E em seu livro *L'An mil* [O ano mil], Henri Focillon pôde argumentar que o ano de fato foi importante e marcou uma época, embora tenha transcorrido sem qualquer catástrofe universal.⁸ Como seria de se esperar, houve quem simplesmente pensasse que os cálculos estavam errados, que talvez devêssemos contar mil anos da Paixão em vez de a partir da Natividade, que o Dia, portanto, viria em 1033. E isto é algo que ocorre com frequência na literatura: os comentaristas protestantes contavam ora desde a última das perseguições, ora desde a conversão de Constantino, para adiar aquela data significativa, o momento da soltura da Besta, até um tempo em que se pudesse identificá-la com alguma presunção papal intolerável ou com algum papa particularmente perverso. Cálculos mais complexos, baseados nos Sete Selos ou no período da Mulher Vestida de Sol no deserto, podiam produzir outras datas tão próximas quanto se quisesse do momento de cada um.

A abordagem de Focillon ao ano 1000 reflete seu interesse no modo como o milênio e também o século e outras divisões cronológicas fundamentalmente arbitrárias — podemos chamá-las simplesmente de *saecula* — são criados para suportar o peso de nossas esperanças e ansiedades: são, como ele observa, "intemporais", mas nós os projetamos na história, transformando-a em "um calendário perpétuo da ansiedade humana". Os *saecula* nos ajudam a encontrar fins e começos. Explicam nossa senescência, nossas renovações: quando os associamos ao império, estamos celebrando nosso desejo por tipos humanos de ordem; quando lhes opomos objeções racionais, estamos alimentando nossos poderes de censura racional sobre tais assuntos; e quando nos recusamos a cair em abatimento pelas previsões não confirmadas, estamos apenas atestando a necessidade permanente de viver de acordo com o padrão, e não com o fato, como realmente deveríamos.

Existem *saecula* famosos, Fins dos quais todos temos consciência e nos quais podemos encontrar um conforto complexo, como o *fin de siècle* do século XIX, quando claramente coexistem todos os elementos do paradigma apocalíptico. Mas há muitos outros menos famosos, que nos mostram como essa meditação sobre o apocalipse é um ingrediente fundamental de nosso pensamento sobre o desenho do mundo. A Bíblia e os oráculos sibilinos, mesclados à especulação neoplatônica e a quaisquer outros dados misteriosos disponíveis, fornecem qualquer data que se quiser para o Fim, e as necessárias evidências de apoio estão sempre à mão. O ano 195 da era cristã foi uma conjectura sibilina; 948, 1000, 1033, 1236, 1260, 1367, 1420, 1588, 1666 foram outros palpites. Devemos contar Dante e, talvez, Shakespeare entre os grandes poetas interessados nos sinais do apocalipse histórico e, entre os matemáticos, Napier e Newton. E, como Focillon observou, o mundo às vezes parece colaborar com nosso apocalipse: quem estuda o século XVI inglês recordará que as *novae*, em especial a de Cassiopeia em 1572, e o eclipse solar nos anos finais do século pareciam confirmar que, sobre os homens que pensavam estar vivendo "na escória do tempo", caíam "os sinais da vinda do Senhor para julgá-los". Esses estudiosos também vão se lembrar dos céticos da época e refletir que, depois de muita conversa sobre a senescência, logo havia uma grande explosão de quiliasmo renovador. E quem sabe também reflitam sobre o interessante renascimento das mitologias imperiais nas cortes francesas e inglesas do período.

Há uma circunstância da maneira pela qual crescem juntos mitos *fin de siècle* que, à primeira vista, não têm vínculo. Mas existe, nesse padrão apocalíptico, um elemento importante que quase não mencionei. Trata-se do mito, se é que podemos chamá-lo assim, da Transição. Antes do Fim, há um período que não pertence propriamente nem ao Fim nem ao *saeculum* que o precede. Esse período de transição tem características próprias e parece não ter sido definido até o final do século XII; mas a definição alcançada à época — por Joaquim de Fiore — provou ser notavelmente duradoura. Sua origem está no reinado de três anos e meio da Besta que, na Revelação, precede os Últimos Dias. Joaquim, que morreu em 1202, dividiu a história em três fases, com base na Trindade: a última transição começaria em 1260, data obtida pela multiplicação de 42 por trinta, o número de anos em cada geração entre Abraão e Cristo. Então essa foi considerada a data do advento do Anticristo e, consequentemente, da figura chamada o Cavaleiro Fiel e Verdadeiro, *fidelis et verax*, identificado com o último imperador. Essas profecias tiveram vida longa: não apenas Dante, no final do século, levou--as a sério, mas Hegel e outros muito mais tarde também.[9] Em meados do século XIII, as profecias tinham extrema urgência, e Frederico II foi escalado como Besta ou como *fidelis et verax*, a depender do alinhamento a uma fileira ou outra. Os beneditinos argumentavam que a figura que, na terceira fase, correspondia a Adão na primeira e Abraão na segunda, era são Bento. Os franciscanos espirituais diziam que era são Francisco. O Imperador era importante para todas as interpretações; foi a época do *Dies Irae*, no qual a Sibila se une a Davi como testemunha respeitável dos Últimos Dias.

A morte de Frederico dez anos antes, em 1250, não pareceu suficiente para deter a especulação joaquimita, que foi condenada em 1260 e depois prosperou apenas em contextos não ortodoxos. Seu *evangelium aeternum* foi transmitido pelos Irmãos do Livre Espírito, pelos anabatistas e por Böhme, pela Familia Caritatis e pelos Ranters. O Jesus do poema "The Everlasting Gospel" [O evangelho perpétuo] de Blake é o Cristo da terceira fase de Joaquim.[10] Alguns aspectos dessa categoria de apocalipse sobrevivem em D. H. Lawrence.[11] Mais perigosamente, a ideologia do nazismo incorporou elementos joaquimitas: "o Terceiro Reich" é, em si, uma expressão joaquimita. E a ideia de uma era de transição dominada pelo Fim passou para nossa consciência e modificou nossas atitudes diante do padrão histórico. Como observa Ruth Kestenberg-Gladstein, "a tríade joaquimita tornou inevitável que o presente se transformasse em 'um mero estágio transicional' e deixasse as pessoas com a sensação de estar vivendo um momento decisivo". Assim, o apocalipse, que resume a Bíblia, projeta seus padrões simples e ingênuos na história. Simplificando e deixando de lado muitas coisas sobre as quais fiquei tentado a tagarelar, direi agora uma palavra sobre as doutrinas apocalípticas de crise, decadência e império, bem como sobre a divisão da história em fases e transições mutuamente significativas — com mais uma palavra sobre a desconfirmação, inevitável destino das previsões escatológicas detalhadas.

O aspecto imperial é bastante esclarecido pelo livro de Norman Cohn, *The Pursuit of the Millennium* [Na senda do milênio], com seu relato sobre a sobrevivência popular dos cultos sibilinos ao imperador.[12] A tradição daqueles profetas artesãos apaixonados que assumiram o papel do Imperador dos Últimos Dias e conduziram seus seguidores de espírito livre em busca da Nova Jerusalém ainda estava viva no século XIX, como uma espécie de paralelo proletário ao imperialismo mais sofisticado das classes dominantes da Alemanha e da Inglaterra. O livro de Eric Hobsbawm, *Primitive Rebels* [Rebeldes primitivos], estuda vários desses movimentos.[13] Lazzaretti, por exemplo, profetizou a vinda de um monarca que reconciliaria Igreja e povo; depois se proclamou o Messias, pregando um joaquinismo modificado, que afirmava que existiam Reinos de Graça e de Justiça e que estávamos na transição entre o segundo e o terceiro Reino, o do Espírito Santo. Ele vaticinou a crise para 1878, e naquele ano de fato morreram Vittorio Emmanuele I e Pio IX. Lazzaretti então se mobilizou para suceder a ambos e foi morto na tentativa. Assim, uma revolta popular de apenas noventa anos atrás repete o padrão discernível das relações entre o papa e o imperador no ano 1000, uma relação tanto sibilina quanto joaquimita. Hobsbawm pôde até acrescentar que alguns comunistas italianos tomaram o atentado a Togliatti, em 1948, como um sinal de que enfim chegara o Dia: eram sobreviventes do movimento de Lazzaretti, ainda, contra todas as expectativas, persistindo na clandestinidade e, presumivelmente, com uma data recalculada.

O estudo do apocalipse às vezes é inebriante. Em 1963, por exemplo, apareceu o livro *The Coming Type of the End of the World* [O tipo vindouro do fim do mundo], obra do padre Cyril Marystone dedicada à Mulher Vestida de Sol, "Mãe de Cristo e da Igreja — que é perseguida pelo Grande Dragão Vermelho".[14] O autor divide a história futura em três períodos: o presente "moderno e anticristão", o "Período da Vitória Universal da Igreja Cristã na Terra" e o "Período da Grande Apostasia". Publicado em 1963, o livro prevê uma guerra atômica e a vitória mundial do comunismo em 1964. O Grande Monarca virá em 1966 e, em consórcio com o Grande Papa, alcançará a vitória mundial, a reforma da Igreja, a conversão dos desgarrados e um Sacro Império Romano universal. Depois haverá uma Grande Apostasia, e o Anticristo reinará por três anos e meio, aos quais sobrevirão os Últimos Dias.

Em um mundo repleto de seitas malucas e que talvez nem necessite de apocalipses hipotéticos, tal obra pode parecer indigna da paciência de vocês. Mas vale a pena pensar a respeito, ainda que apenas como perfeita demonstração desse potente mito imperial. Trata-se de um livro bem escrito, com uma pesquisa muitíssimo valiosa sobre profecias apocalípticas anteriores; e pode-se muito bem considerá-lo uma expressão, sob termos tradicionais, de um sentimento de crise vastamente compartilhado. Shakespeare e Spenser teriam compreendido sua linguagem. O padre Marystone consegue fazer um ajuste racional entre suas previsões e as do marxismo doutrinário; ele conhece bem o apocalipticismo moderno mais sofisticado, como o de Berdiaev, mas trabalha na veia do apocalipse ingênuo. De sua lista de profecias constam as de Rábano Mauro e Adso, que sustentavam que o último imperador deveria ser um rei franco. Em vez de dizer que eles estavam errados, Marystone argumenta que essa figura deve ser o atual herdeiro do trono francês e, com a maior urgência (pois o tempo está muito curto), ele se junta à velha discussão sobre quem seria. O livro — metade do qual vem na forma de apêndices acrescidos às pressas, porque não houve tempo de reescrevê--lo quando surgiu material novo — é um paradigma da crise, de uma maneira de pensar o presente que os teólogos definem como totalmente direcionada para o fim. Podemos ter certeza de que o fracasso de 1964 — ou mesmo, até agora, de 1965 — em produzir a guerra atômica e o incêndio de Paris não terá desanimado o autor: seu livro se funda em séculos de predições apocalípticas não confirmadas.

Anos atrás, essa indiferença à desconfirmação foi tema de algumas pesquisas interessantes do sociólogo americano Festinger.[15] Ele encontrou uma seita próspera e, nela, infiltrou alguns de seus alunos. Esse grupo acreditava que o fim estava próximo e que seus membros seriam levados em discos voadores pouco antes do cataclismo. Os alunos compareciam a todas as reuniões e, a cada noite, retiravam-se para seu quarto de hotel para redigir relatórios. Eles estiveram presentes na derradeira contagem regressiva, no Dia, e puderam observar que, para a maioria dos membros da seita, a desconfirmação rapidamente foi sucedida por novos cálculos e novas ficções de fim. Festinger já havia observado que tais seitas em geral procuravam restaurar o padrão da profecia em vez de abandoná--la — e sobre essa ideia se erige uma doutrina geral, muito interessante para nosso debate, do que ele chama de *consonância*.

Na verdade, o desejo de consonância nos dados apocalípticos e nossa tendência a ridicularizar esse desejo me parecem igualmente interessantes. Cada um dos dois se manifesta na presença do outro dentro de nossa mente. Estamos todos prontos para demonstrar ceticismo diante do padre Marystone, mas a maioria de nós é dada a alguma forma de "misticismo secular" e até mesmo a práticas apocalípticas mais extravagantes — tema que abordarei em minha quarta palestra. O que parece acontecer é o seguinte: os homens no meio das coisas fazem investimentos imaginativos consideráveis em padrões coerentes que, ao proporcionarem um fim, possibilitam uma consonância satisfatória com as origens e com o meio. É por isso que a imagem do fim nunca pode ser *permanentemente* falsificada. Mas, quando sãos e despertos, eles também sentem a necessidade de mostrar um acentuado respeito pelas coisas tais como elas são, de modo que há uma necessidade recorrente de ajustes tanto no interesse da realidade quanto no interesse do controle.

Esse fato tem relevância para os enredos literários, imagens da grande consonância temporal; e podemos notar que existe aqui a mesma coexistência de aceitação ingênua e ceticismo que se encontra na apocalíptica. Em termos gerais, são as histórias populares que mais se apegam às convenções estabelecidas; os romances que os literatos chamam de "grandes" tendem a variá-las — e a fazê-lo cada vez mais com o passar do tempo. Mais adiante falarei sobre esse tema com certos detalhes, mas algumas breves ilustrações talvez sejam úteis agora. Vou me referir sobretudo a um aspecto dessa questão, o falseamento da expectativa do fim.

Um enredo que prossegue de maneira muito simples até seu fim obviamente predestinado estaria mais próximo do mito que do romance ou do drama. A *peripeteia* — que tem sido chamada de equivalente, na narrativa, à ironia na retórica — está presente em qualquer narrativa que apresente um mínimo de sofisticação estrutural. Ora, a *peripeteia* depende de nossa confiança no fim: é uma desconfirmação seguida por uma consonância; o interesse de ter nossas expectativas enganadas claramente se relaciona ao nosso desejo de chegar à descoberta ou ao reconhecimento por um caminho inesperado e iluminador. Não tem nada a ver com nenhuma relutância de nossa parte em chegar lá. Assim, ao assimilar a *peripeteia*, estamos realizando aquele reajuste de expectativas em relação a um fim que é uma característica tão notável da apocalíptica ingênua.

E estamos fazendo muito mais que isso: estamos, se quisermos olhar a questão por outra perspectiva, reencenando o velho diálogo entre credulidade e ceticismo. Quanto mais ousada a *peripeteia*, mais podemos sentir que a obra respeita nosso senso de realidade — e mais sentimos que a ficção que acompanhamos é uma daquelas que, ao perturbar o equilíbrio ordinário de nossas expectativas ingênuas, está nos revelando alguma coisa, alguma coisa *real*. O falseamento de uma expectativa pode ser terrível, como na morte de Cordélia: é uma maneira de descobrir algo para que, em nosso percurso mais convencional até o fim, teríamos fechado os olhos. Obviamente, isso não poderia funcionar se não houvesse certa rigidez no conjunto de nossas expectativas.

O grau de rigidez é uma questão de profundo interesse no estudo das ficções literárias. Como caso extremo, vocês encontrarão algum romance, provavelmente contemporâneo a vocês mesmos, em que o desvio de um paradigma básico, a *peripeteia* no sentido que estou lhe atribuindo agora, parece começar logo na primeira frase. As expectativas esquemáticas do leitor são desencorajadas de imediato. Visto que, por definição, buscamos o máximo de *peripeteia* (neste sentido amplo) na ficção de nosso próprio tempo, o melhor exemplo que posso dar é Alain Robbe-Grillet.[16] Ele se recusa a falar de sua "teoria" do romance: são os mais velhos que falam sobre a necessidade de enredo, personagem e assim por diante, são eles que têm as teorias. E, livre de tudo isso, é possível alcançar um novo realismo e uma narrativa em que *"le temps se trouve coupé de la temporalité. Il ne coule plus".** E assim temos um romance em que o leitor não encontrará nenhuma das recompensas que podem ser obtidas com a temporalidade fraudulenta, a causalidade fraudulenta, a descrição falsamente precisa, o enredo cristalino. O novo romance "se repete, se bifurca, se modifica, se contradiz, sem nem mesmo acumular massa suficiente para constituir um passado — e, portanto, uma 'história', no sentido tradicional da palavra". Ao leitor são oferecidas não satisfações fáceis, mas um chamado à cooperação criativa.

Quando Robbe-Grillet escreveu *Les Gommes* [As borrachas], sem dúvida estava aprimorando certas convenções sofisticadas que Simenon desenvolvera nos romances de Maigret; mas nesses, o lado obscuro da trama acaba recebendo uma explicação razoável, ao passo que, em Robbe-Grillet, essa necessidade desaparece. Versões rivais do mesmo conjunto de fatos podem coexistir sem reconciliação final. Os acontecimentos do dia são os acontecimentos do romance, e na primeira página somos informados de que eles "invadirão a ordem ideal, introduzindo com astúcia uma inversão ocasional, uma discrepância, uma distorção, a fim de realizar seu trabalho". O tempo do romance não está relacionado a nenhuma norma de tempo exterior. Depois, em *La Jalousie* [O ciúme], o narrador está explicitamente "despreocupado com a cronologia", limitando-se a perceber o aqui e agora em que a memória, a fantasia e a antecipação do futuro podem se intrometer, ainda que sem diferença nítida. A história avança, mas sem referência ao tempo "real" ou aos paradigmas do tempo real que são familiares aos romances convencionais.

---

* "O tempo é arrancado da temporalidade. Não flui mais." [N.T.]

Vale indagar até que ponto esses livros surtiriam efeito se fôssemos genuinamente insensíveis — como Robbe-Grillet acha que deveríamos ser — a todas as expectativas convencionais. Em certo sentido, elas precisam estar lá para serem derrotadas. Assim, em outro romance, *Dans le labyrinthe* [No labirinto], o soldado que é a figura central emerge devagar (se é que emerge) de outras coisas, de objetos descritos com igual objetividade, como o pacote misterioso que ele carrega (por que é misterioso? Essa é uma expectativa convencional, que será derrotada mais adiante) ou uma rua, ou um papel de parede. O soldado tem uma missão; mas, enquanto espera ouvir a respeito dela, você recebe descrições minuciosas — da neve nos peitoris das janelas, do brilho de uma bota, dos anéis borrados que os copos deixam na mesa de madeira. Há uma criança desobediente que entra repetidas vezes, confundindo o caminho, fazendo perguntas. Há uma mulher que oferece comida ao soldado e uma fotografia misteriosamente (por quê?) relacionada ao próprio soldado e ao que ele está fazendo. Parece que ele chegou ao lugar desconhecido que procurava; mas não, não chegou, pois aí volta a um ponto anterior da história, embora não pareça que estivesse sonhando. Ele até vê a si mesmo na rua. O livro faz seus próprios desenhos inesperados e inesperáveis: é a *écriture labyrinthine** — assim como *Les Gommes* é escrever passando a borracha. A história termina onde começou, dentro do campo perceptivo imediato de um narrador. Está sempre *não* fazendo as coisas que desarrazoadamente supomos que os romances devam fazer: conectar, diversificar, explicar, estabelecer concordâncias, facilitar extrapolações. Decerto não há temporalidade, nem sucessividade. No mais recente romance de Robbe-Grillet, uma mesma personagem morre quatro vezes (uma extensão do dispositivo já

---

* "Escritura labiríntica." [N. E.]

empregado em *Les Gommes*). Sem dúvida é um golpe astuto contra as expectativas paradigmáticas.

Ainda assim, é muito moderno e, portanto, muito extremo. O método de Robbe-Grillet, enquanto tal, deve bastante aos de Sartre e de Camus, e é óbvio que tanto *A náusea* quanto *O estrangeiro* são ficções notavelmente originais e não convencionais. Apesar de tudo isso, na visão do mais jovem, Camus era incapaz de romper por completo com os velhos mitos da narrativa, o velho antropomorfismo — por isso, Robbe-Grillet o chama de humanista trágico. Sartre, à sua maneira, é igualmente antiquado, seu mundo *"entièrement tragifié"*.* E é verdade que, até mesmo nesses romances — e muito mais em *Os caminhos da liberdade* e em *A peste* —, Sartre e Camus são menos desdenhosos que Robbe-Grillet em relação ao paradigma e à expectativa.

Por exemplo, o primeiro capítulo de *A peste* não é muito diferente de uma das vagarosas aberturas de Scott: fala sobre o "cenário", Orã, e, embora contenha o que poderíamos chamar de ironias tipológicas — indicações das maneiras pelas quais, no livro, Orã pode representar qualquer comunidade ou algumas comunidades específicas (a França das vésperas da Ocupação, por exemplo) —, elas não são intrusivas. Segue-se a "verdadeira" abertura e, por mais impressionante que seja — "Na manhã do dia 16 de abril, o dr. Bernard Rieux saiu do consultório e tropeçou num rato morto, no meio do patamar" —, não se afasta muito do famoso modelo para uma primeira frase: "A marquesa saiu às cinco horas". O mesmo se dá no fim: o término da peste pode parecer um encerramento natural, mas o livro continua, e Rieux, agora revelado como o narrador, acrescenta algumas palavras para moralizar a situação: nas cidades felizes que não gostam da morte é fácil ignorar a existência do

---

* "Inteiramente trágico." [N. E.]

bacilo da peste, e assim por diante. Não se trata, porém, do velho final que cede às expectativas temporais, o tipo descrito (a seu modo cômico) por Henry James: "Uma última distribuição de prêmios, pensões, maridos, esposas, bebês, milhões, parágrafos adicionais e comentários jubilosos".[17] De fato, Camus fez uso original da abertura e do encerramento convencionais, pois, sem o começo e o fim, decerto seria menos fácil argumentar, como muitas vezes se argumenta, que o livro "na verdade fala sobre" a Ocupação ou sobre questões mais abstratas. A *peripeteia* está lá, sem dúvida, mas afeta de modo mais direto as convenções que a tornam possível. *A peste* é aquilo que os analistas chamam de obra "sobredeterminada", suscetível a múltiplas leituras, devido ao modo de proceder ligeiramente extraparadigmático que tentei esboçar. Existem outros indícios: o livro contém a abertura de um romance adversário, intensamente convencional, e os sermões também são *peripeteias*. *A peste* é muito mais parecido com um "romance" que *Dans le labyrinthe*, mas tem dispositivos de antirromance — como devem ter todos os bons romances, na definição francesa de antirromance.

Para esclarecer a situação, deixem-me escolher mais um romance ao acaso, desta vez um livro mais antigo, que tem a vantagem de ser universalmente considerado uma extraordinária obra-prima: *O idiota*, de Dostoiévski. Esse romance abunda em coisas surpreendentes, para dizer o mínimo. Mas começa com o trem de Varsóvia se aproximando de São Petersburgo, "em fins de novembro, por volta de nove da manhã", e nos diz que o comboio traz Rogójin e o príncipe Míchkin. Eles são descritos de forma elaborada, e a outra personagem principal, Nastácia Filíppovna, também é delineada em detalhes antes de o trem chegar ao destino. Até mesmo Lebedev está lá. O príncipe é chamado de "santo tolo". Parece que o enredo não está escondendo nada. E, de fato, o livro termina, depois de treze ou catorze horas de leitura, com Rogójin e Míchkin juntos ao lado de Nastácia morta, o cadáver com sua única mosca a rodeá-lo, o assassino e o idiota lhe dando consolo. Ou assim terminaria, se Dostoiévski não achasse que os paradigmas são convenientes nos seus devidos lugares: ele escreve uma "conclusão", completamente tradicional e perfunctória, na qual conta o que aconteceu com os personagens sobreviventes, um daqueles finais que Henry James tanto desprezava.

A esta altura, seria de pouca utilidade apresentar mais exemplos. No *nouveau roman* de Robbe-Grillet, tenta-se uma mudança mais ou menos copernicana na relação entre o paradigma e o texto. Em Camus, o contraponto é menos doutrinário. Em Dostoiévski não há evidência de nenhuma posição teórica, apenas uma rica originalidade dentro ou fora, conforme o acaso, das expectativas normais.

Quase todos nós concordaríamos (e é apenas por um consenso desse tipo que se determinam, com toda justiça, essas questões) que esses romances são muito bons, para dizer o mínimo. Eles representam, em vários graus, aquela falsificação de expectativas simples quanto à estrutura de um futuro que constitui a *peripeteia*. Não podemos, é claro, aceitar que nos neguem um fim: um dos grandes encantos dos livros é que eles têm de acabar. Mas, a menos que sejamos muito ingênuos, como ainda o são algumas seitas apocalípticas, não pedimos que avancem rumo a esse fim precisamente como nos foi dado acreditar. Na verdade, esperamos que só as obras mais triviais estejam em conformidade com os tipos preexistentes.

É essencial para o decorrer de todas estas palestras que aquilo que estou chamando de ceticismo dos literatos opere na pessoa do leitor como uma demanda por relações em constante mudança e cada vez mais sutis entre a ficção e os paradigmas — e que essa expectativa abra ao escritor um campo inventivo muito mais vasto enquanto ele trabalha para cumpri-la e transcendê-la. A presença de tais paradigmas nas ficções pode ser necessária — trata-se de um ponto que discutirei mais adiante. Mas, para que as ficções satisfaçam o literato, os paradigmas têm de ser, em grau variável, mas sempre em grande medida, atenuados ou obscurecidos. A pressão da realidade sobre nós é sempre variável, como Stevens poderia ter dito: as ficções precisam mudar ou, quando são fixas, as interpretações precisam mudar. Como seguimos "prescrevendo leis à natureza" — nas palavras de Kant, e de fato o fazemos —, continuamos tendo uma relação com os paradigmas, mas os mudamos para que sigam funcionando. Já que não conseguimos nos livrar deles, precisamos assegurar que façam sentido.

Se isso vale para fins literários, também vale para respostas teológicas ao apocalipse. Pois, se estou certo em meu argumento, a modificação cética de uma ficção paradigmática teria de se fazer visível na apocalíptica dos teólogos, bem como em outras esferas. Sempre houve alguma cautela quanto a aceitar a Revelação de maneira muito simplista e certa insistência em afirmar que o Fim não estava sujeito à predição humana. Os primeiros cristãos tiveram uma aguda experiência de desconfirmação, e o texto de são Marcos, nos primórdios o menos favorecido dos Evangelhos, tornou-se importante: "Quanto à data e à hora, ninguém sabe, nem os anjos no céu nem o Filho, somente o Pai". Como diz Bultmann, eles haviam abolido a história em favor da escatologia; mas foi uma abolição prematura. Já em são Paulo e são João há uma tendência a conceber o Fim como algo que acontece a cada instante: é nesse momento que nasce o conceito moderno de *crise* — são João faz um jogo de palavras com o termo de origem grega que significa tanto "juízo" quanto "separação". Cada vez mais, o presente como "tempo-entre" passou a significar não o tempo entre o momento de alguém e a *parousia*, mas sim o tempo entre o momento de alguém e a morte desse alguém — o que joga todo o peso da "sensação-Fim" sobre o instante, a crise, mas também sobre os sacramentos. "Na igreja sacramental", diz Bultmann, "a escatologia não é abandonada, mas neutralizada, na medida em que os poderes do além já estão operando no presente." Não mais iminente, o Fim é imanente. Assim, não é apenas o tempo restante que tem importância escatológica: toda a história e o progresso da vida individual também importam, como um benefício proporcionado pelo Fim, agora imanente. História e escatologia, como observou Collingwood, então constituem a mesma coisa.[18] Butterfield diz que "cada instante [...] é escatológico".[19] Bultmann afirma que "em cada momento adormece a possibilidade de este ser o momento escatológico. É preciso despertá-la".[20]

Variantes dessa posição são comuns na escatologia moderna. É verdade que têm precedentes longínquos. Santo Agostinho fala dos terrores do Fim como uma figura da morte pessoal. Winklhofer caracteriza cada morte como uma *parousia* recorrente.[21] Mas o apocalipse, que abrangeu e suplantou a profecia, viria a ser abarcado pela tragédia; e a tragédia perdeu estatura e imponência quando a morte individual e não ritualizada se tornou o único ponto de referência. Tanto o apocalipse literário quanto o teológico escolheram se concentrar naquilo que era apenas uma implicação do modelo apocalíptico original — foi assim que responderam à realidade moderna. É claro que não se deve dizer que todos os teólogos modernos se afastaram muito do arquétipo. Lawrence zombava do arquidiácono Charles por chamar o Kaiser de Anticristo, mas, nos nossos dias, é menos provável que Josef Pieper seja escarnecido por dizer que muitos foram chamados de Anticristo, porque muitos de fato foram o Anticristo, ou tipos de Anticristo, e que o nazismo é uma "forma preliminar e mais branda do estado do Anticristo", assim como qualquer outra tirania. E até mesmo aqui podemos ver que o apocalipse mais antigo e mais agudamente preditivo, com suas identificações precisas, acabou se enevoando: a escatologia se estende por toda a história, o Fim está presente a cada momento, os tipos são sempre relevantes.[22] Karl Popper, em uma sentença mordaz, certa vez chamou o historicismo de "substituição da consciência pela profecia histórica".[23] Mas, da escatologia moderna, pode-se dizer que ela fez o exato oposto e substituiu a profecia histórica pela consciência ou algo mais sutil. Ainda veremos mais adiante algumas analogias na ficção literária moderna. Enquanto isso, podemos dizer, assim espero, que, ao falar de nosso análogo teológico, chegamos à posição de Jaspers, que observou que viver é viver em crise: em um mundo que pode ou não ter um fim temporal, as pessoas se veem como são Paulo via os primeiros cristãos, homens "para quem chegava o fim dos tempos" — e esses fins afetam todos os momentos importantes vividos pelos homens no meio das coisas. Podemos ver como aquilo que chamei de apocalipticismo ingênuo se modificou para produzir (sob a pressão e relevância de grandes e novos sistemas de conhecimento, das mudanças tecnológicas e sociais, da própria decisão humana) um sentido de fim apenas vagamente relacionado ao antigo apocalipse preditivo e às suas noções mais simples de decadência, império, transição e céus na terra. Uma vez que o Fim se torna um flagelo para o indivíduo, podemos olhar para trás e contemplar esses padrões históricos com inveja, mas sem qualquer sentimento de que possam voltar a ser úteis, exceto como ficções explicadas com toda a paciência.

A morte e a eleição são temas individuais e assim foram desde muito cedo na história. A desconfirmação das predições escatológicas primárias pôs ênfase tanto na morte pessoal quanto nos sacramentos: já se disse que, de todas as grandes religiões, o cristianismo é a mais ansiosa, é a que mais enfatiza o terror da morte. A teologia da Reforma fortaleceu essa ênfase. No mesmo período em que os poetas épicos estavam revivendo a escatologia sibilina com propósitos imperiais, foi ficando cada vez mais difícil pensar o Fim como um evento histórico iminente — e assim aconteceu com o início, de maneira que a duração e a estrutura do tempo passaram a sustentar cada vez menos as figuras do apocalipse que floresciam nos vitrais da Idade Média. Foi o momento em que os terrores do apocalipse se viram absorvidos pela tragédia. O equivalente renascentista da longa tradição de Beato de Liébana — em escultura, manuscrito, sermão e pintura religiosa — é o *Rei Lear*. E o processo de sofisticar o paradigma continua. A tragédia, pelo que nos dizem, deve ceder ao Absurdo; a tragédia existencial é uma impossibilidade, e *Rei Lear* é uma farsa terrível. Seria interessante ver o que um pintor moderno — Francis Bacon, talvez — faria com os tipos beatos: estes poderiam ter bastante terror, mas os paradigmas, creio, ficariam profundamente submersos.

Pela natureza do caso, é provável que seja assim. Esses velhos paradigmas, no entanto, continuam a afetar, de alguma maneira, a forma como damos sentido ao mundo. A noção de crise, por exemplo. Estamos todos muito familiarizados com ela e muito familiarizados com as dificuldades inerentes a qualquer discussão sobre ela; ainda assim, existe um mito de crise, um mito muito profundo e complexo, de que poderíamos tirar mais sentido se conseguíssemos reduzi-lo do status de mito ao de ficção. Mais adiante, tentarei fazer isso e falar sobre o que Focillon chama de "misticismo secular"[24] e alguns outros elementos do mito da crise — a coexistência e o florescimento de muitos temas apocalípticos que parecem díspares, como decadência e império, em momentos históricos que parecem não relacionados, embora por um motivo ou outro tidos como "críticos". A "transição" joaquimita é a ancestral histórica da crise moderna: na medida em que afirmamos viver agora um período de transição perpétua, simplesmente elevamos o período intersticial a um *saeculum* por si próprio — e a era da transição perpétua em questões tecnológicas e artísticas é, compreensivelmente, uma era de crise perpétua na moral e na política. E assim, transformados por nossas pressões especiais, submetidos a nosso ceticismo, os paradigmas do apocalipse continuam subjacentes às nossas formas de dar sentido ao mundo.

Recorri aos teólogos e a seu tratamento do apocalipse como um modelo daquilo que podemos esperar ver não apenas em abordagens mais literárias da mesma ficção radical, mas no tratamento literário de ficções radicais em geral. As suposições que fiz, tentarei examiná-las da próxima vez. Enquanto isso, talvez seja útil apresentar alguma espécie de resumo do que venho dizendo. O objetivo principal é a tarefa crítica de dar sentido a algumas das formas radicais de dar sentido ao mundo. O apocalipse e os temas relacionados têm uma vida surpreendentemente longeva, e essa é a primeira coisa a dizer a seu respeito, embora a segunda seja que eles também mudam. O apocalipse de João adquire as características do sibilino e desenvolve outras ficções subsidiárias que, com o passar do tempo, mudam as leis que prescrevemos à natureza e, de forma mais específica, ao tempo. Homens de todos os tipos agem — e refletem — como se fosse verdadeiro esse arranjo aparentemente aleatório de opiniões e previsões. Quando parece que não pode ser assim, agem como se fosse verdade em um sentido diferente. Do contrário, Virgílio não poderia ter sido *altissimo poeta* dentro de uma tradição cristã; o Cavaleiro Fiel e Verdadeiro não poderia ter aparecido nas estrofes de abertura de *The Faerie Queene* [A rainha das fadas]. E o que é muito mais intrigante: a Cidade do Apocalipse não poderia ter aparecido como uma

Babilônia moderna — junto com os "marinheiros e mercadores que dela enriqueceram" e o "esplendor inexplicável" de seu "linho fino, púrpura e escarlate" — em *A terra devastada*, onde vemos todas essas coisas "virem a nada", assim como na Revelação. Não se trata de mera alusão literária. O Imperador dos Últimos Dias se apresenta como um camponês flamengo ou italiano, como a rainha Elizabeth ou Hitler; a transição joaquimita como uma revolução brasileira, a ascensão dos Tudor ou o Terceiro Reich. Os tipos apocalípticos — império, decadência e renovação, progresso e catástrofe — são alimentados pela história e fundamentam nossas maneiras de dar sentido ao mundo desde onde estamos, no meio das coisas.

Mas quanto mais erudito o literato, seja teólogo, poeta ou romancista, quanto "mais elevado" o gênero que pratica, mais sutilmente esses tipos vão se sobrepor. Aquilo que parecia uma previsão clara se torna uma figura obscura. Enquanto as previsões dão errado, emerge que os fins do mundo chegaram não apenas para as pessoas de determinado momento, mas para todos os homens. O apocalipse que sucede à profecia se funde com a tragédia: os humildes eleitos sobrevivem não a todos os reis da terra, como na Revelação, mas ao único rei cuja história típica se encena diante de seus olhos. Quando a tragédia se estabeleceu na Inglaterra, foi em termos de tramas e espetáculos que tinham muito mais a ver com o apocalipse medieval que com o *mythos* e a *opsis* de Aristóteles. Tempos depois, a própria tragédia sucumbe ao peso da "desmitologização": o próprio Fim, no enredo literário moderno, perde sua finalidade tônica e dominante, passamos a pensar nele como os teólogos pensam o Apocalipse: algo imanente e não iminente. Assim, como veremos adiante, pensamos em termos de crise, e não de fins temporais, damos muita importância à desconfirmação sutil e à *peripeteia* elaborada. E nos interessamos pelo conflito entre o padrão determinístico que qualquer enredo sugere e a liberdade das pessoas dentro desse enredo de escolher e, assim, alterar a estrutura, as relações de começo, meio e fim.

Apocalipses ingenuamente preditivos implicavam uma concordância estrita entre o começo, o meio e o fim. Assim, a abertura dos selos tinha de corresponder aos eventos históricos registrados. Essa concordância continua sendo um objeto profundamente desejado, mas é difícil consegui-la quando o início se perde na escuridão pregressa e no abismo do tempo, quando se sabe que o fim é imprevisível. Isso muda nossa visão dos padrões temporais e, se nossos enredos honram a crescente complexidade dessas maneiras de fazer sentido, também as complicam. Se pedirmos conforto a nossas tramas, será um conforto mais difícil que aquele que o arcanjo ofereceu a Adão:

> *How soon hath thy prediction, Seer blest,*
> *Measur'd this transient World, the race of Time,*
> *Till time stands fix'd.**

Mas será um conforto semelhante. Em nosso mundo, o material para uma escatologia é mais esquivo, mais difícil de manusear. Talvez não seja verdade, como argumenta o poeta moderno, que devamos construí-lo a partir de "nossa solidão e arrependimento": o passado nos deixou materiais mais fortes que esses para nosso artifício de eternidade. Mas o artifício da eternidade existe apenas para as gerações agonizantes. E, como elas escolhem, alteram a forma do tempo e morrem, o artifício eterno precisa mudar. O pássaro dourado nem sempre cantará o mesmo canto, ainda que por baixo de suas notas reste um padrão ancestral.

---

* "Quão cedo o que previste, ó vate bento,/ Mediu o mundo lábio, e a corrida/ Do tempo até que o tempo pare." John Milton, *Paraíso perdido*. Trad. de Daniel Jonas. São Paulo: Editora 34, 2015. [N.T.]

Em minha próxima palestra, tentarei explicar algumas das maneiras pelas quais esse canto se transforma e falarei sobre a relação entre o apocalipse e as ficções cambiantes de homens que nascem e morrem no meio das coisas. Trata-se de um tema bem vasto, porque o instrumento da mudança é a imaginação humana. Ela muda não apenas o enredo que consola, mas a estrutura do tempo e do mundo. Uma das coisas mais impressionantes a seu respeito foi dita por Stevens em um de seus adágios, e é com esse dito tão sugestivo que marcarei a transição da primeira para a segunda parte de meu próprio padrão. "A imaginação", disse esse estudioso das ficções mutantes, "a imaginação está sempre no fim de uma era." Na próxima palestra, tentaremos ver o que isso quer dizer em relação ao nosso problema de dar sentido às maneiras como damos sentido ao mundo.

2.
Ficções

*O que pode ser pensado há de
ser, seguramente, uma ficção.*

Nietzsche

*[...] o melhor conhecimento da
Crença, de que aquilo em que
acredita não seja verdade.*

Wallace Stevens

*Quem pode negar que as coisas que
estão por vir ainda não vieram?
No entanto, já se encontra em
nosso espírito a expectativa
dessas coisas que estão por vir.*

Santo Agostinho

*É por meio do esforço e do desejo
que temos conhecimento do tempo;
guiamos o hábito de estimar o tempo
segundo nossos desejos, nossos
esforços, nossa própria vontade.*

Guyau, *La Genèse de l'idée de temps*

Uma de minhas tarefas nesta segunda palestra é responder a algumas das perguntas que eu trouxe na primeira. Tentei me concentrar em ficções escatológicas, ficções do Fim, em relação ao próprio apocalipse; e embora tenha dito algo sobre elas serem análogas às ficções literárias, por meio das quais impomos outros padrões ao tempo histórico, pouco fiz para justificar a analogia. E, quando falei do grau com que as ficções variam a partir da base paradigmática, mais uma vez me limitei sobretudo ao próprio apocalipse — e à maneira como as figuras típicas eram modificadas para se referirem não a um Fim comum, mas à morte pessoal, ou à crise, ou à época. Mencionei que as ficções literárias mudavam da mesma maneira — crises perpetuamente reiteradas da pessoa, e a morte dessa pessoa, tomaram o lugar dos mitos que alegam relacionar a experiência de alguém a grandes começos e fins. E sugeri que ocorreram grandes mudanças, em especial nos últimos tempos, quando nossas atitudes frente à ficção em geral se fizeram muito mais sofisticadas; embora pareça, ao mesmo tempo, que ao "darmos sentido" ao mundo ainda sentimos, mais árdua que nunca, por causa de um ceticismo acumulado, uma necessidade de satisfazer, de experimentar aquela concordância entre começo, meio e fim que é a essência de nossas ficções explanatórias, em particular quando pertencem a tradições culturais que tratam o tempo histórico como algo primordialmente retilíneo, e não cíclico.

É claro que, agora, devo dizer mais sobre a maneira como venho empregando palavras como "ficção" e "concordância". Então, em primeiro lugar, precisamos pensar que é um tanto surpreendente, dadas a extensão e a minúcia da teoria literária moderna, que, até onde sei, ninguém jamais tenha tentado relacionar a teoria das ficções literárias à teoria das ficções em geral — embora eu acredite que algo assim talvez tenha passado pela mente de Ogden enquanto ele preparava *Bentham's Theory of Fictions*[1] [A teoria da ficção de Jeremy Bentham] e que haja implicações relevantes, apesar de não desenvolvidas nessa direção, quando Richards fala sobre "instrumentos especulativos" e o que chama de "submissão experimental".[2] Richards decerto está interessado na natureza e na qualidade de nosso assentimento às ficções como meio para a liberdade pessoal, ou talvez, mais simplesmente, para o conforto pessoal.

Mas que *exista* um nexo simples entre a ficção literária e outras ficções parece, quando nos atentamos, mais óbvio do que se poderia imaginar. Se pensarmos primeiro nas ficções modernas, não poderá ser acidental que, desde que Nietzsche generalizou e desenvolveu as especulações kantianas, a literatura tenha cada vez mais afirmado seu direito a uma escolha arbitrária e particular das normas ficcionais, assim como a historiografia se tornou uma disciplina mais tortuosa e hesitante por reconhecermos que seus métodos dependem, em grau até então insuspeito, de mitos e ficções. Depois de Nietzsche, foi possível dizer, como o fez Stevens, que "a crença final deve ser numa ficção". Esse poeta, para quem todo o tema era de perpétuo interesse, viu que pensar dessa maneira era adiar o Fim — quando se poderia dizer que a ficção coincide com a realidade — para sempre, transformá-lo em uma ficção, um momento imaginário em que "finalmente" o mundo do fato e o *mundo* da ficção vão ser um só. Tal ficção — a última parte de *Notas para uma ficção suprema* é, de forma muito apropriada, o lugar onde Stevens lhe dá toda a importância —, tal ficção do fim é como o infinito mais um e os números imaginários da matemática, algo que sabemos que não existe, mas que nos ajuda a dar sentido ao mundo e a nos mover dentro dele. O próprio *mundo* é uma ficção. Acho que Stevens, que decerto acreditava que deveríamos dar sentido a quaisquer materiais que tivéssemos em mãos, emprestara essas ideias de Ortega.[3] Sua doutrina geral das ficções, ele a tomara de Vaihinger, de Nietzsche e talvez do pragmatismo americano também.

Primeiro, um problema ético. Se as ficções literárias de fato *estão* relacionadas com todas as outras, então é preciso dizer que elas têm algumas relações perigosas. "A falsidade de um juízo não é [...] objeção a ele", diz Nietzsche, acrescentando que a única questão relevante é "até que ponto o juízo promove a vida, preserva a vida e preserva a espécie". O homem que pensa dessa maneira corre algum risco de se parecer com os cretenses mentirosos do Paradoxo de Epimênides, pois seu juízo não pode ser menos fictício que os juízos a que alude. Talvez ele esteja correndo um perigo ainda maior: pode estar encorajando pessoas que têm a ideia fictícia de que a morte em grande escala promove a vida e preserva a espécie. Por um lado, temos uma teoria um tanto inocente, um jeito de lidar com a maneira moderna de reconhecer o abismo entre ser e saber, a noção de que a natureza sempre pode ser moldada para responder às nossas perguntas, aceder às nossas ficções. É o que Wordsworth curiosa e comoventemente previu quando afirmou: "A Natureza jamais traiu/ O coração que a amou". Em sua forma puramente operacional, essa é a base da vida do físico teórico, uma vez que ele supõe que sempre haverá confirmação experimental para aquilo que se alcançou por meio da matemática pura. É claro que as respostas, assim como as perguntas, são puramente humanas. "A natureza é passível de interpretação em termos de leis que calham de nos interessar", observou Whitehead. Mas, por outro lado, temos as câmaras de gás. Alfred Rosenberg se valeu das inocentes especulações de William James, John Dewey e F. C. S. Schiller para argumentar que o conhecimento estava a serviço da verdade "orgânica", a qual ele identificou com a promoção da vida daquilo que ele chamava de "raça alemã". Se o valor de um juízo deve ser testado apenas por seu sucesso no mundo, as proposições demenciais podem se tornar tão valiosas quanto quaisquer outras ficções. A validade do juízo de alguém sobre os judeus pode ser provada matando 6 milhões deles.

Hannah Arendt, que escreveu com clareza e paixão sobre esse tema, argumenta que as suposições filosóficas ou antifilosóficas dos nazistas não eram distintas, em termos genéricos, daquelas do cientista ou mesmo de qualquer um de nós em uma época "na qual o homem, aonde quer que vá, encontra apenas a si mesmo".[4] Em tal situação, como podem nossos paradigmas de concórdia, nossos começos e fins, nossa imagem humanamente ordenada do mundo nos satisfazer, fazer sentido? Como podem o apocalipse ou a tragédia fazer sentido, ou mais sentido que qualquer absurdo arbitrário? Se *Rei Lear* é uma imagem do fim prometido, Buchenwald também é — e ambos são acusados de ser fantasias horríveis e desenraizadas, uma nem mais verdadeira nem mais falsa que a outra, de modo que o melhor a se dizer é que *Rei Lear* faz menos mal.

Acho que temos de admitir que tanto o apocalipse conscientemente falso do Terceiro Reich quanto o apocalipse conscientemente falso do *Rei Lear* implicam um reconhecimento de que somos nós mesmos quem encontramos sempre que inventamos ficções. Pode até haver uma relação real entre certos tipos de eficácia na literatura e o totalitarismo na política. Mas, embora todas as ficções sejam maneiras de descobrir algo sobre o mundo humano, o antissemitismo é uma ficção escapista que nada diz sobre a morte, mas a projeta nos outros, ao passo que *Rei Lear* é uma ficção que envolve um encontro inevitável consigo mesmo e a imagem do próprio fim. Essa é uma diferença, mas existe outra. Temos de distinguir entre mitos e ficções. As ficções podem degenerar em mitos sempre que não forem conscientemente tidas como fictícias. Nesse sentido, o antissemitismo é uma ficção degenerada, um mito; e *Lear* é uma ficção. O mito opera dentro dos diagramas do ritual, que pressupõe explicações totais e suficientes das coisas como elas são e eram: é uma sequência de gestos radicalmente imutáveis. As ficções servem para descobrir coisas e se transformam conforme mudam as necessidades do dar e fazer sentido. Os mitos são agentes da estabilidade; as ficções, agentes da mudança. Os mitos clamam por aceitação absoluta; as ficções, por assentimento condicional. Os mitos fazem sentido em termos de uma ordem de tempo perdida, *illud tempus*, como diz Eliade; as ficções, quando bem-sucedidas, dão sentido ao aqui e agora, *hoc tempus*. É possível que, hoje em dia, soe bem tratar ficções literárias como mitos, mas, nas palavras que Marianne Moore disse com toda razão sobre os poemas, "essas coisas são importantes não porque se lhes pode lançar/ uma interpretação altissonante, mas porque são/ úteis".

Na visão de Vaihinger, o *como se* ficcional se distingue também da hipótese, pois não resta dúvida de que será descartado ao final do processo de descoberta.[5] De algumas maneiras, isso obviamente vale para as ficções literárias. Jamais corremos o risco de pensar que a morte do Rei Lear, que explica tantas coisas, seja *verdadeira*. À afirmação de que ele morreu desse e daquele jeito — falando essas e aquelas palavras sobre o corpo de Cordélia, pedindo um espelho, atrapalhando-se com um botão —, fazemos um assentimento experimental. Se o fizermos bem, o ganho é que jamais retornaremos à nossa postura anterior diante da vida e da morte. Claro que se pode dizer que, mudando a nós mesmos, também mudamos, da melhor maneira indireta possível, o mundo.

Minha suspeita, portanto, é que as ficções literárias pertencem à categoria daquilo que Vaihinger chama de "conscientemente falso". Ao contrário das hipóteses, não estão suscetíveis a prova ou desconfirmação — apenas, se chegarem a perder sua eficácia operacional, ao abandono. Aí então são lançadas, na figura de Stevens, à "montoeira", "para caírem entre os leitos dos mortos". Nisso elas se assemelham às ficções da ciência, da matemática e do direito, e diferem das ficções da teologia, mas apenas porque é mais difícil libertar as ficções religiosas do "depósito" mítico. Não vejo motivo para não aplicarmos às ficções literárias o que Vaihinger diz das ficções em geral, que são estruturas mentais. A psique tece este ou aquele pensamento a partir de si mesma, pois a mente é invenção; sob o impulso da necessidade, estimulada pelo mundo exterior, ela descobre dentro de si uma reserva de artifícios escondidos. O organismo se encontra em um mundo de sensações contraditórias, é exposto aos assaltos de um mundo hostil e, para se preservar, forçado a recorrer a todos os meios de socorro possíveis.

Vaihinger distingue muitos tipos diferentes de ficção: por exemplo, a paradigmática, que abarca utopias e, podemos acrescentar, apocalipses; a jurídica, que cumpre um papel na equidade (quando o tribunal pode julgar que uma esposa que morreu no mesmo instante ou até algum tempo depois do marido, para todos os efeitos, faleceu antes dele, de modo a evitar um duplo e injusto pagamento de impostos sobre a herança; ou quando, depois de determinado prazo desde o recebimento, presume-se que a pessoa aceitou a entrega de uma encomenda postal); os casos-zero da matemática; as ficções da coisa em si, ou da causalidade; e o que Vaihinger chama, em palavras relembradas por Stevens, "a última e maior ficção/ a ficção de um Absoluto". Se esquecemos que as ficções são fictícias, regredimos ao mito (como no caso dos neoplatônicos, que esqueceram a ficcionalidade das ficções de Platão, e do professor Frye, que esquece a ficcionalidade de *todas* as ficções). É como se acreditássemos que, por graça do tribunal e sob alguma dispensação imutável, sempre acontecesse de a esposa morrer primeiro que o marido quando um casal se envolve em um acidente de carro, mesmo que na vida comum possamos "deslocar" ou "ironizar" essa verdade básica. O que Vaihinger chama de "reencontro com a realidade" e eu chamo de "dar sentido" ou "dar sentido humano" é algo que a literatura alcança apenas na medida em que nos lembramos do status das ficções. Elas não são mitos e não são hipóteses: você nem rearranja o mundo para que se ajuste a elas, nem as põe a prova com experimentos — construindo, por exemplo, câmaras de gás.⁶

Quando Vaihinger teve de lidar com a circunstância que surge quando os homens fazem ficções aparentemente elaboradas e engenhosas demais para se explicarem apenas em termos de sobrevivência em ambiente hostil (mais esplêndidas do que seria necessário para só mitigarem a "pobreza"), ele formulou sua Lei da Preponderância dos Meios sobre o Fim. Podemos prescindir dessa lei, porém precisamos lembrar não apenas que temos aquilo que Bergson chamou de *fonction fabulatrice*,* mas também que de fato nos colocamos problemas do tipo que presumivelmente não surgiriam por simples necessidade biológica. Quando Nietzsche perguntou "por que não haveria de ser ficção o mundo *que nos concerne*?", ele estava imaginando uma medida muito grande de curiosidade humana.

Meanwhile the mind, from pleasure less,
Withdraws into its happiness—

mas, depois de chegar a esse ponto, não cessa de produzir ficções para além da necessidade:

it creates, transcending these,
Far other worlds and other seas.**

Existem os verdes pensamentos da fantasia, que se dedicam não apenas a fornecer a cada um de nós um equivalente mental apropriado, mas também a projetar os desejos da mente na

---

* "Função de contar histórias." [N. E.]   ** Em tradução livre: "Enquanto isso a mente, de menos prazer/ se retira para sua felicidade/ cria, transcendendo-os,/ outros mundos e outros mares". Andrew Marvell, "The Garden". [N. T.]

realidade. Quando as ficções mudam, o mundo muda em compasso com elas, portanto. É o que o poeta quis dizer quando escreveu que a poesia moderna era "o ato de encontrar/ O que será suficiente". E acrescentou que isso costumava ser mais fácil do que é hoje, porque "a cena estava montada": tínhamos nossas ficções paradigmáticas, que ele chama de "edifícios românticos de rosa e gelo". Nada disso serve mais, e a ficção do poeta moderno deve "falar palavras ao ouvido/ O mais delicado ouvido da mente, repetir/ Exatamente o que ela quer ouvir". As satisfações exigidas são sutis demais para os paradigmas; mas o poema precisa fornecê-las. "Deve ser a descoberta de uma satisfação, e pode/ Ser de um homem patinando, uma mulher dançando, uma mulher se/ Penteando." Sob a pressão da Lei da Preponderância dos Meios sobre o Fim, o poema se afastou, por assim dizer, para longe do paradigma e de sua função biológica mais simples: agora é uma questão mais sutil que utopia, apocalipse ou tragédia. Esses Nobres Cavaleiros ficaram parecendo mais rígidos, um pouco absurdos, como observa o mesmo poeta.

Tampouco é apenas nas ficções literárias que as satisfações, especialmente as satisfações dos literatos céticos, ficam mais tortuosas e refinadas. O reconhecimento, hoje lugar-comum, de que a escrita da história envolve o uso de ficções reguladoras, faz parte do mesmo processo. A história mundial, a imposição de um enredo ao tempo, é um substituto para o mito, e sua substituição pela crítica anti-historicista é mais um passo rumo a satisfações mais difíceis, na recusa literata de edifícios românticos. Não existe história, diz Karl Popper, apenas histórias — lampejo em que o antecederam romancistas que contaram Histórias (de Tom Jones, digamos, ou de *A Vida e as opiniões do cavaleiro Tristram Shandy*) em um período de historiografia paradigmática, conforme exposto por Carl Becker em suas palestras intituladas *The Heavenly City of the Eighteenth-Century Philosophers* [A paradisíaca cidade dos filósofos do século XVIII].[7]

O declínio da história paradigmática e nossa crescente consciência do irredutível elemento de ficção da historiografia são, assim como o refinamento do enredo literário, contribuições para o que Wilde chamou de "decadência da mentira". Caímos em "descuidados hábitos de exatidão". Sabemos que, se quisermos descobrir algo sobre nós mesmos, dar e fazer sentido, devemos evitar o retrocesso ao mito que enganava o poeta, o historiador e o crítico. Será difícil saciar nossas satisfações.

E, no entanto, é claro que se trata de uma apresentação exagerada do argumento. Os paradigmas de fato sobrevivem, de alguma maneira. Se houve um tempo em que, nas palavras de Stevens, "a cena estava montada", deve-se admitir que ainda não tenha sido de forma definitiva e total. A sobrevivência dos paradigmas nos diz tanto respeito quanto sua erosão. Por esse motivo, está na hora de examiná-los mais de perto.

É de se presumir que seja verdade, a despeito de todas as variações culturais e históricas possíveis, que os paradigmas corresponderão, quanto mais nos aproximarmos de uma condição de simplicidade absoluta, a algum "conjunto" humano básico, seja biológico ou psicológico. Bem na raiz, eles devem corresponder a uma necessidade humana básica: dar sentido, proporcionar conforto. Essa raiz pode ser muito primitiva: as diferenciações culturais começam nas profundezas. Pode ser que as diferenças linguísticas, que são muito enraizadas, reflitam estilos radicalmente distintos de fazer perguntas sobre o mundo. Por outro lado, é preciso lembrar que não conhecemos nenhum grupo cultural com que a comunicação seja impossível, como ocorreria no caso de uma atitude totalmente distinta em relação ao tempo ou, é claro, um tipo de tempo totalmente distinto. Em um nível muito profundo, todos compartilhamos certas ficções sobre o tempo, que testemunham a continuidade daquilo que é chamado de natureza humana, por mais conscientes, em comparação com outros, que alguns possam se tornar do caráter fictício dessas ficções.

Ao que parece, a conclusão é que os psicólogos experimentais têm mais a nos ensinar a respeito dos paradigmas de criação de sentido sobre o tempo que os cientistas ou filósofos; Santo Agostinho tem mais a nos ensinar que Kant ou Einstein, porque Agostinho estuda o tempo como necessária extensão da alma antes e depois do momento crítico sobre o qual ele reflete. Piaget e estudos de distúrbios como o déjà-vu,[8] as imagens eidéticas e a síndrome de Korsakoff têm mais a nos ensinar que os pesquisadores da flecha do tempo ou, por outro lado, os arquétipos míticos.

Tomemos um exemplo muito simples, o tique-taque do relógio. Perguntamos o que o som nos *diz* e podemos concordar que diz *tique-taque*. Por meio dessa ficção, nós o humanizamos, fazemos com que fale nossa língua. Somos nós que fornecemos a diferença ficcional entre os dois sons, claro: *tique* é nossa palavra para um começo físico, *taque* é nossa palavra para um fim. Dizemos que diferem. O que lhes permite que sejam diferentes é um tipo especial de meio. Só conseguimos perceber uma duração quando ela está organizada. É possível demonstrar com experimentos que os sujeitos que ouvem estruturas rítmicas, como *tique-taque*, repetidas de forma idêntica, "conseguem reproduzir com precisão os intervalos dentro da estrutura, mas não apreender espontaneamente o intervalo entre os grupos rítmicos", ou seja, entre *taque* e *tique*, mesmo quando esse intervalo permanece constante. O primeiro intervalo é organizado e limitado; o segundo, não. De acordo com Paul Fraisse, a lacuna *taque-tique* é análoga ao papel do "solo" na percepção espacial: ambos se caracterizam por uma falta de forma, contra a qual são percebidas as organizações ilusórias de formato e ritmo no objeto espacial ou temporal.[9] O fato de chamarmos o segundo dos dois sons relacionados de *taque* é uma evidência de que usamos ficções para possibilitar que o fim confira organização e forma à estrutura temporal. O intervalo entre os dois sons, entre *tique* e *taque*, agora está carregado de uma duração significativa. Penso que o *tique-taque* do relógio é um modelo daquilo que chamamos de enredo, uma organização que humaniza o tempo ao lhe dar forma; e que o intervalo entre *taque* e *tique* representa o tempo puramente sucessivo e desorganizado, daquele tipo que precisamos humanizar. Mais adiante, indagarei se, quando o *tique-taque* parece fácil demais enquanto ficção, não produzimos enredos que contêm uma boa dose de *taque-tique* — eis aí o enredo de *Ulysses*.

Tique é uma gênese modesta. *Taque*, um apocalipse frágil. E, em todo caso, *tique-taque* não chega a ser exatamente um enredo. Precisamos de modelos muito maiores e mais complicados quando insistimos em encontrar "o que será suficiente". Mas o que acontece se a organização for muito mais complexa que *tique-taque*? Vamos imaginar, por exemplo, um romance de mil páginas. É claro que o livro não estará dentro daquilo que chamamos de nosso "horizonte temporal"; para manter a experiência de organização, precisaremos de muitos outros dispositivos ficcionais. E, ainda que estes sejam, em essência, do mesmo tipo que chamar de *taque* o segundo daqueles dois sons, por óbvio serão mais engenhosos e elaborados. Eles têm de derrotar a tendência de o intervalo entre *tique* e *taque* se esvaziar, têm de manter, dentro desse intervalo após o *tique*, uma expectativa animada de *taque* e uma sensação de que, por mais remoto que seja o *taque*, tudo o que pode acontecer ocorre como se houvesse certeza de que virá o *taque*. Toda essa urdidura de enredo pressupõe e exige que um fim proporcione duração e significado ao todo. Em outras palavras, o intervalo deve ser purgado da cronicidade simples, do vazio da sucessão humanamente desinteressante do *taque-tique*. É necessário que seja uma estação significativa, um *kairós* equilibrado entre o início e o fim. Precisa ser, em uma escala muito maior que aquela que diz respeito aos psicólogos, um exemplo do que eles chamam de "integração temporal" — nossa maneira de embrulhar a percepção do presente, a memória do passado e a expectativa do futuro em uma organização comum. Dentro dessa organização, aquilo que se concebia como algo apenas sucessivo fica carregado de passado e futuro: o que era *chronos* se torna *kairós*. Este é o tempo do romancista, uma transformação do mero suceder que escritores tão diferentes quanto Forster e Musil compararam à experiência do amor, à consciência erótica que dá um sentido divinamente satisfatório à pessoa comum.

Como pretendo usar essa distinção outras vezes, é melhor ser claro sobre o que quero dizer com as palavras gregas *chronos* e *kairós*. Em termos gerais, meu uso deriva dos teólogos que desenvolveram essa distinção de várias maneiras, em especial Oscar Cullmann, em *Cristo e o tempo*,[10] e John Marsh, em *The Fullness of Time* [A completude do tempo].[11] A distinção é bem conhecida há muitos anos e foi posta em circulação por Brabant em *Time and Eternity in Christian Thought* [Tempo e eternidade no pensamento cristão], de 1937. Tillich emprega *kairós* de um jeito bastante particular, mas, em suma, entende-o como um "momento de crise" ou, de forma mais obscura, "o destino do tempo"; em todo caso, o autor estabeleceu uma firme associação entre o termo e um sentido especificamente moderno de viver em uma época na qual "os alicerces da vida estremecem debaixo dos nossos pés". A noção se repete continuamente no pensamento moderno: um exemplo é a "situação-limite" de Jaspers, que tem a ver com a crise pessoal — morte, sofrimento, culpa — e os dados que constituem sua determinação histórica. Mas Cullmann e Marsh tentam empregar as palavras *kairós* e *chronos* em seus sentidos históricos e bíblicos: *chronos* é "tempo que passa" ou "tempo de espera" — aquele que, de acordo com a Revelação, "não existirá mais" — e *kairós* é a estação, um ponto no tempo cheio de significado, repleto de um sentido que deriva de sua relação com o fim.

Como vocês podem ver, trata-se de uma distinção bem radical. Os gregos, como observa Lampert, pensavam que nem mesmo os deuses podiam mudar o passado; mas Cristo mudou-o, reescreveu-o e, de uma maneira nova, cumpriu-o. Do mesmo modo, o Fim muda tudo e produz, naquilo que em relação a ele é o passado, essas estações, *kairoi*, momentos históricos de significado intemporal. O enredo divino é o padrão de *kairoi* em relação ao Fim. Não apenas os gregos, mas também os hebreus careciam dessa antítese, pois o hebraico, de acordo com Marsh, não tinha palavra para *chronos* e, portanto, nenhum contraste entre o tempo que é simplesmente "uma coisa atrás da outra" e o tempo concentrado nos *kairoi*. É o Novo Testamento que estabelece as bases tanto para o sentido moderno de época (é muito consciente de existir em uma sobreposição de *aiones*) quanto para a distinção moderna entre os tempos: o tempo da vinda de Deus (*kairós*), o tempo cumprido (*kairós* — Marcos 1:15), os sinais dos tempos (Mateus 16:2,3) em oposição ao tempo que passa, *chronos*. A noção de cumprimento é essencial: o *kairós* transforma o passado, valida os tipos e as profecias do Velho Testamento, estabelece concórdia com as origens e com os fins. A distinção *chronos-kairós* é, portanto, relevante para os interesses tipológicos de alguns teólogos modernos e também de alguns críticos literários modernos: Helen Gardner criticou ambas as classes — justamente, a meu ver — por suas obsessões tipológicas, as quais, segundo ela, diminuem a força e a realidade dos Evangelhos, como fazem com a literatura secular.[12] No final das contas, o fascínio dos tipos deve ser explicado em termos do serviço que prestam ao homem que sente estar no meio das coisas, desejando esses momentos de significação que harmonizam origem e fim.

Seria errado não nos referirmos, neste ponto, a um crítico de tais distinções, o professor James T. Barr.[13] Ele examina os trabalhos de Cullman, Marsh, J. A. T. Robinson, entre outros, e os qualifica como característicos da teologia bíblica moderna "nas suas melhores manifestações", mas argumenta que todos esses estudiosos se equivocam ao interpretar a linguagem da Bíblia. Simplesmente não se encontra, na linguagem do Novo Testamento, a distinção *chronos-kairós*. Em Gálatas 4:4, as palavras traduzidas como "a plenitude do tempo" são *pleroma tou chronou*, embora Marcos 1:15, já citado, traga *peplerotai ho kairos*, "cumpriu-se o tempo". Em Atos 1:7 e 1 Tessalonicenses 5:1, os termos parecem não se diferenciar: *hoi chronoi kai hoi kairoi*, que a Versão Autorizada traduz por "os tempos e as estações". Além disso, diz o professor Barr, o Velho Testamento demonstra muito mais interesse na passagem do tempo, na cronicidade, do que sugeriram esses estudiosos. No Novo Testamento, *kairós* e *chronos* podem ser opostos, mas às vezes são intercambiáveis: talvez *kairós* se incline, como pensava Agostinho, para o "tempo crítico" e *chronos* seja mais quantitativo. Mas, de acordo com Barr, não podemos ter um "conceito de *kairós*" e dizer, como G. A. F. Knight, que "a história do povo de Deus está cheia de crises, *kairoi*, 'momentos decisivos'", não traz a palavra em sentido bíblico.

O conceituado livro de Barr contém críticas muito mais destrutivas do que sugerem esses comentários. Entre outras coisas, desencoraja o assentimento fácil demais a distinções estanques entre a linearidade cristã e a circularidade grega. Mas a questão principal é que Barr impossibilita que alguém não disposto a aceitar seus próprios termos lexicais duvide de que a distinção de Marsh, a qual usei, possa ter alguma validade. É um exagero. O melhor que se pode esperar é que as palavras, no grego do Novo Testamento, mantenham certa polaridade, embora também se confundam uma com a outra — cobrindo o mesmo terreno que a palavra "tempo" cobre em *Macbeth*. Isso nos faz pensar na famosa passagem de Wittgenstein sobre os jogos. "Retornemos ao solo áspero!" Nossa noção de tempo abarca, entre muitas outras coisas, *kairós*, *chronos* e *aion*. Mesmo que seus métodos lexicais sejam falhos, é importante que esses teólogos modernos *queiram* que essas palavras signifiquem distinções como as que discuti. Eles jogam — poderia ter dito Wittgenstein — e vão criando as regras à medida que avançam. Essas regras são atraentes — e o são porque precisamos, para nossos obscuros fins culturais, observar distinções entre a mera cronicidade e os tempos que são plenos e concordantes. Daí usarmos, nos nossos próprios jogos, *chronos*, *kairós* e também *pleroma*.

Podemos usar esse tipo de linguagem para distinguir entre o que *sentimos* que acontece em uma ficção quando a mera sucessividade — que *sentimos* ser a principal característica no curso normal do tempo — é purgada ao se estabelecer uma relação significativa entre o momento e uma origem e fim remotos, uma concórdia entre passado, presente e futuro — três sonhos que se cruzam em nossas mentes, já o disse Agostinho, como o presente das coisas passadas, o presente das coisas presentes e o presente das coisas futuras. Normalmente, vinculamos "realidade" a *chronos* e poderíamos considerar pouco séria, tola ou louca uma ficção que ignorasse por inteiro esse vínculo; apenas o inconsciente é intemporal, e a ilusão de que podemos moldar o mundo para satisfazer o inconsciente só pode ser uma ilusão sem futuro.

Ainda assim, em cada trama existe uma fuga da cronicidade e, portanto, em certa medida, um desvio dessa norma de "realidade". Ao lermos um romance, de algum modo estamos nos permitindo agir como crianças que pensam que todo passado é "ontem" ou como membros de primitivos cultos à carga[14] quando falam da vinda de Jesus algumas gerações atrás como uma garantia da chegada de mais uma carga boa em um futuro próximo. Nosso passado é breve, organizado pelo nosso desejo de satisfação e relacionado de maneira simples ao nosso futuro. Mas existe um padrão de expectativa impróprio para a maturidade. Depois de comparar o leitor de romance a uma criança e um primitivo, podemos ir mais longe e compará-lo a um psicopata — o que farei em breve. Por enquanto, só quero dizer que qualquer romance, por mais "realista" que seja, envolve certo grau de alienação da "realidade". Vocês podem ver os embaraços que Fielding, por exemplo, enfrentou com esse problema, logo no início do romance sério: ele sentiu que tinha de rejeitar o método richardsoniano dos romances epistolares, embora este garantisse que, em meio a volumosos detalhes concebidos para assegurar o realismo, tudo se transformasse em *kairós* em virtude da maneira como as cartas coincidiam com os momentos críticos. Fielding preferiu reivindicar o direito de converter um tipo de tempo em outro como bem quisesse: se for conveniente que um longo período transcorra sem produzir nada notável, ele o deixará "totalmente despercebido", avisa. Em outras palavras, Fielding permite que o narrador dispense a cronicidade quando bem quer, mas sente que é necessário explicar o que está fazendo. Com algumas diferenças, faz o que fazia a romanesca grega. Na verdade, Richardson é o mais moderno dos dois, e Fielding se preocupa com isso. Seu livro, diz ele, é uma "história" [*a history*], não uma "vida" [*a life*]; e a história não é crônica, ignora tudo que não seja concordante. *The History of Tom Jones* [A história de Tom Jones], no entanto, tem um "meio" crítico, a cena em Upton, na qual as chegadas tardias, o tempo na fração de segundo, como dizemos agora, pertencem mais ao *kairós* da farsa que ao *chronos* da realidade — e ele tem especial orgulho das concordâncias que estabelece com as origens e os fins dessa passagem. Em suma, ele pertence — e teria ficado feliz em sabê-lo — à família de Dom Quixote, empunha a lança com baldado cavalheirismo contra os aborrecidos moinhos de vento de uma realidade atada ao tempo. Todos os romancistas devem fazê-lo; mas é importante que os grandes se afastem da realidade de maneira menos perfunctória que os autores de novelas e contos detetivescos.

Georges Poulet argumenta que os medievais não distinguiam existência e duração como nós;[15] só se pode dizer que eles eram muito sortudos e que precisavam muito menos que nós de ficções relacionadas ao tempo — o tipo que confere significado ao intervalo entre o *tique* e o *taque*. Ao que parece, para os medievais de Poulet, esse significado era uma simples propriedade do intervalo. Nós temos de fornecê-la. Ainda precisamos de sua plenitude, *pleroma*; e é o nosso insaciável interesse no futuro (para o qual estamos biologicamente orientados) que faz necessário que nos relacionemos com o passado e com o momento no meio por via dos enredos — e com isso me refiro não apenas a incidentes imaginários e concordantes, mas a todas as outras, talvez mais sutis, concórdias que podem ser arranjadas em uma narrativa. É fácil chamar essas concórdias de "vencedoras do tempo", mas o problema dessa caracterização é que ela leva diretamente ao questionável hábito crítico de chamar as estruturas literárias de *espaciais*. Trata-se de uma ficção crítica que regrediu para um mito porque não foi descartada no momento certo do debate. "Redentoras do tempo" talvez seja melhor.

Uma implicação desse raciocínio é que o tempo "virtual" dos livros — para usar o termo que Langer emprega —[16] é uma espécie de modelo de tempo-mundo centrado no homem. E os livros de fato são modelos de mundo. Santo Agostinho descobriu que o melhor modelo que poderia encontrar para nossa experiência do passado, presente e futuro era a recitação de um salmo. Assim, ele antecipou todos os críticos modernos que se perguntam como um livro pode estar presente enquanto imagem (embora, de certa forma, uma imagem também precise ser recitada) e mesmo assim se estender no tempo. Curtius atesta a durabilidade do livro como um modelo de mundo na Idade Média.[17] A exemplo do zigurate,[18] da igreja bizantina e, sobretudo, da catedral gótica, é um testemunho perpétuo do conjunto de nossas demandas ao mundo. Se o zigurate é um *topocosmo*, o livro é um *bibliocosmo*. Podemos distribuir nossas ficções tanto no tempo quanto no espaço, por isso precisamos evitar a tradução fácil de um a outro. E. H. Gombrich fala sobre a relevância do grande 11º capítulo das *Confissões* de Agostinho, ao qual já me referi, e encontra nele as sementes da especulação psicológica moderna sobre o funcionamento da memória.[19] Existe o tema da mera persistência fisiológica — que faz a televisão ser possível. Existe a "memória imediata" ou "retenção primária", o registro de impressões que não chegamos a "captar", mas podemos recuperar, um pouco mais tarde, via introspecção. E existe, por fim, uma espécie de memória prospectiva, que conhecemos a partir de antístrofes e daqueles erros de datilografia causados por antecipação, a mente já trabalhando em um futuro esperado. A segunda dessas memórias, o registro daquilo que não chegamos a "captar", é uma ferramenta essencial da ficção narrativa. Aparece bastante desde o "olhar duas vezes" do teatro de revista, e dela dependem muitas manifestações literárias — de poemas que trazem palavras e ideias sob um novo significado até enredos complexos como o de *Tom Jones*. A noção aristotélica de melhor enredo possível é um olhar duas vezes. Em um sentido, *Macbeth* seria um enorme alargamento dramático do olhar duas vezes, pois se baseia em um desvio de atenção que abre uma lacuna de tempo entre o juízo original do que a conjuntura significa e o entendimento final de que seu significado era outro. O terceiro tipo de memória é o que permite aos escritores usarem a *peripeteia*, uma falsificação da expectativa, de maneira que o fim venha, como se espera, mas não da maneira esperada.

Gombrich argumenta que ignoramos esses fatos quando fazemos uma nítida distinção a priori entre tempo e espaço; diz que, no tempo, nossa mente funciona de maneiras que não são total e simplesmente sucessivas, ao passo que há um elemento temporal nas apreciações espaciais — como quando olhamos para uma pintura. Fazemos uma "varredura" da imagem e não conseguiríamos fazê-lo sem persistência retiniana: nós nos lembramos do que se passou e temos expectativas sobre o que está por vir. São questões que Gombrich abordou em *Arte e ilusão*. Aqui o menciono para sustentar que se reavalie o elemento da estrutura temporal, memória e expectativa, em oposição à tendência de reduzir nosso *bibliocosmo* à ordem meramente espacial. Parece óbvio que, na experiência da literatura, usemos a expectativa do tempo — uma "configuração mental", como diz Gombrich, que é "um estado de presteza para começar a projetar". Lembramos que, em Stevens, o "anjo da realidade" nos dá o poder de "ver a terra mais uma vez/ livre de sua configuração rígida e teimosa, fixada no homem" e que ele busca "significados ditos/ Por repetição de meios-significados" — empregando o segundo tipo de memória para jogar com as expectativas criadas pelo terceiro.

Então podemos chamar os livros de modelos fictícios do mundo temporal. E, enquanto modelos, só serão humanamente úteis se tiverem o devido respeito ao que pensamos ser o tempo "real", a cronicidade do momento de vigília. Quando estamos em nosso estado normal, conseguimos intuir a hora, conseguimos adivinhar há quanto tempo a palestra começou e também quanto tempo teremos de esperar para que um desejo seja satisfeito — o desejo de que a palestra termine, por exemplo. (O palestrante, aliás, tem mais dificuldade em fazê--lo: ele está apaixonado pelo que está dizendo, ou deveria estar. Uma boa ilustração de seu deslize para uma terrível cronicidade sem amor se apresenta na palestra de Jim no romance de Kingsley Amis: ele a organiza em peças temporais desconexas, um doloroso minuto depois do outro.)

Mas, mesmo fora da literatura, outras demandas — em conflito com o real — muitas vezes nos levam a um comportamento que desafia essa normalidade. Sob o efeito de certas drogas, o "presente especioso" se prolonga indefinidamente. Os esquizofrênicos podem perder o contato com o tempo "real" e sofrer o que se define como "uma transformação do presente em eternidade".[20] Conseguimos medir que a força para esperar pela satisfação de um desejo é menor nas crianças e nos idosos que nos adultos — e muito pouca nas pessoas que têm distúrbios emocionais, em especial nos delinquentes juvenis. E, enquanto leitores, de fato parecemos compartilhar alguns desses apetites anormalmente agudos. Temos avidez por fins e crises. "Será que é este o fim prometido?", perguntamos com Kent em *Lear*; se não for, exigimos que seja uma imagem do fim. Em um enredo que depende daquelas repetições sutis que E. M. Forster chama de "ritmos", talvez tenhamos um análogo sofisticado do déjà-vu, uma condição de origem patológica. Ao conceder ao narrador algo como uma recordação total, mais uma vez nos afastamos da normalidade rumo à patologia. Não se trata apenas de que, nisso, sejamos crianças, como sugeri: somos crianças anormais, crianças autistas, que inventam as ficções mais arbitrárias e dolorosas. Parece que existe na narrativa um atavismo de nossas atitudes temporais, sempre modificado por certa recusa a desistir de nosso "realismo" sobre o tempo, de modo que o romance moderno precisa manter algum tipo de equilíbrio entre um e outro. O relógio batendo no final de *A trágica história do doutor Fausto* de Marlowe é uma impressionante intrusão de tempo sucessivo em uma grande crise; mas um romancista moderno encontraria certa disparidade no fato de Fausto só conseguir ler cinquenta versos entre as onze horas e a meia-noite.

Mas é claro que o realismo temporal e também a alta organização do intervalo *tique-taque* pertencem ao romance moderno, não a Homero, à romanesca grega ou ao drama elisabetano anterior a Shakespeare. A história do romance mostra um interesse crescente por essa organização e pelo equilíbrio entre o prazer regressivo e o senso de realidade. Em outras palavras, como a forma requer que o realismo do ego e os desejos da mente concreta sejam satisfeitos ao mesmo tempo, o romance precisa modificar os paradigmas — organizar meios extensos em concordância com origens remotas e fins previsíveis — de maneira a preservar sua diferença frente aos sonhos e às outras recompensas da fantasia.

São questões de mudança cultural. O desejo de *usar* o passado denota, pelo menos é o que nos dizem, uma fase evolutiva bastante avançada. Encontrar padrões no tempo histórico — um tempo livre de repetições de rituais e indiferente aos êxtases do xamã — é uma outra etapa. E a suposição ou entendimento de que encontrar tais padrões é uma atividade puramente antropocêntrica pertence a uma terceira fase. Ainda não nos sentimos muito à vontade com ela. Boa parte do nosso pensamento ainda pertence à segunda fase, quando a história, a urdidura de enredo historiográfica, fazia o trabalho do ritual ou da tradição. "O fio da continuidade histórica", observa Hannah Arendt,

> foi o primeiro substituto da tradição; por seu intermédio, a avassaladora massa dos valores mais divergentes, dos mais contraditórios pensamentos e mais conflitantes autoridades [...] nós a reduzimos a um desenvolvimento unilinear e dialeticamente consistente.[21]

Assim considerada, a história é uma substituta fictícia para a autoridade e a tradição, uma criadora de concórdias entre passado, presente e futuro, uma provedora de significado para a mera cronicidade. Tudo é relevante se sua relevância puder ser inventada, até mesmo as informações esparsas do jornal matutino. Nisso, o romance imita a historiografia: qualquer coisa pode ocupar seu lugar importante na concórdia: uma cerveja no pub joyciano, uma vespa indiana de pernas compridas. O caráter apenas sucessivo dos acontecimentos foi exorcizado; a consciência sintetizadora fez seu trabalho. A ordem, como Giovanni Gentile diz sobre a historiografia, "deixou de ser uma sucessão e se tornou uma interconexão de partes, todas mutuamente implicadas e condicionadas ao todo".[22]

Mas a terceira etapa é marcada por um entendimento de que esse jogo da consciência da história, essa urdidura de enredos, pode nos aliviar do fardo do tempo só de desafiar nosso senso de realidade. Para de fato nos livrarmos do tempo, talvez precisássemos ficar totalmente inconscientes ou de alguma outra forma indiferentes ao que costumamos chamar de real. "Aquilo que Kant tomava por esquemas necessários da realidade", diz um freudiano moderno, "na verdade são apenas esquemas necessários da repressão."[23] E um psicólogo experimental acrescenta que "um senso de tempo só pode existir onde há submissão à realidade".[24] Ver tudo como produto de um mero suceder é se portar feito um louco ou drogado. Literatura e história, tal como as conhecemos, não são assim: elas devem se submeter, ser reprimidas. Creio que seja característico do estágio em que nos encontramos agora que o problema de até onde deve ir essa submissão — ou, dito de outra maneira, até que ponto se podem cultivar padrões ou paradigmas ficcionais — seja debatido, sob várias formas, por filósofos existencialistas, por romancistas e antirromancistas, por todos aqueles que condenam os mitos da historiografia. Trata-se de um debate de interesse fundamental, creio, e irei discuti-lo na minha quinta palestra.

Ao que parece, sem dúvida deve haver, mesmo quando alcançamos um grau moderno de ceticismo letrado, alguma submissão aos padrões fictícios — até mesmo porque uma submissão sistemática desse tipo é quase outra maneira de descrever aquilo que chamamos de "forma". "Uma interconexão de partes, todas mutuamente implicadas"; uma duração (em vez de um espaço) que organiza o momento em termos do fim, dando sentido ao intervalo entre o *tique* e o *taque* porque, como humanos, não queremos que seja indeterminado o intervalo entre o *tique* do nascimento e o *taque* da morte. Essa é uma maneira de falar da forma literária em termos temporais. Assim, voltamos a pensar na Bíblia: em um começo e um fim (negados ao mundo pelo físico Aristóteles), mas humanamente aceitáveis (e por ele concedidos aos enredos). A Revelação (ou o Apocalipse), epítome da Bíblia, põe nosso destino em um livro e o chama de livro da vida, que é a cidade sagrada. A Revelação responde à ordem: "escreve as coisas que tens visto, as que são e as que depois destas hão de acontecer" — o que era passado, o que ia passando e o que estava por vir — e à ordem para tornar essas coisas interdependentes. Nossos romances fazem o mesmo. A biologia e a adaptação cultural o exigem: o Fim é um fato da vida e um fato da imaginação que surge do meio das coisas, da crise humana. Como dizem os teólogos, "vivemos do Fim", ainda que o mundo seja infinito. Precisamos de fins, e de *kairós*, e de *pleroma*, até mesmo agora que a história do mundo expandiu de forma tão terrível e desordenada sua sucessão infinita. Nós recriamos os horizontes que extinguimos, as estruturas que ruíram. E o fazemos de acordo com os velhos padrões, adaptando-os aos nossos novos mundos. Os fins, por exemplo, passam a ser uma questão de imagens, figuras para o que não existe senão humanamente. Nossas histórias devem reconhecer a mera sucessão, mas não ser apenas sucessivas: pode-se dizer que *Ulysses*, por exemplo, une o irredutível *chronos* de Dublin aos irredutíveis *kairoi* de Homero. No meio das coisas, buscamos a plenitude do tempo, um começo, meio e fim em concórdia.

Pois a concórdia ou consonância de fato são a raiz do problema, mesmo em um mundo que pensa que só possam ser uma ficção. Os teólogos revivem a tipologia, e os críticos literários os acompanham. Tentamos repetir a realização do Novo Testamento, livro que reescreve e recompensa outro livro, alcança harmonia com ele em vez de questionar sua verdade. Um dos contributos seminais do pensamento literário moderno foi a observação de Eliot de que esse processo continua na ordem atemporal da literatura. Assim, secularizamos o princípio que se repete desde o Novo Testamento, passando pela alegoria alexandrina e o neoplatonismo renascentista, até nossos dias. Alcançamos nossas concórdias seculares entre passado, presente e futuro, modificando o passado e admitindo o futuro sem falsificar nosso próprio momento de crise. Demandamos e fornecemos ficções de concórdia.

Acho que se pode falar de ficções-concórdia especificamente modernas e dizer que o que elas têm em comum é a prática de tratar o passado (e o futuro) como um caso especial do presente. Tentarei explicar essa ideia referindo-me a uma ficção-concórdia que tem sua origem não na teologia nem na literatura, mas na física. Trata-se de uma ficção que não apenas usa o passado como um caso especial, mas é concebida para relacionar acontecimentos que parecem desconexos e humanamente inexplicáveis a um padrão humano aceitável. É o chamado Princípio da Complementaridade.

Esse princípio surgiu de uma necessidade científica precisa. A luz se comporta de maneira tal que podemos pensá-la ou como ondas, ou como partículas; provou-se que é possível desenvolver, em termos matemáticos, um único conjunto de equações para cobrir tanto os efeitos de ondas quanto os de partículas, mas, fora da matemática, só podemos dizer que os efeitos são "complementares". As implicações de tudo isso dentro da física — coisa que, felizmente, não é da minha conta — são que as observações, em si mesmas apenas em parte verdadeiras, podem ser reconciliadas pelo formalismo matemático de modo a fazer com que a previsão teórica e a observação empírica cheguem à congruência. Mas essa nova concórdia levanta o problema do que fazer com as antigas, agora desacreditadas. A nova depende de uma nova compreensão da probabilidade: o interesse por sistemas com pequenos números quânticos faz com que seja necessário lidar com a incerteza como se ela fosse do mundo, e não da mente humana; na física clássica, a incerteza é uma questão epistemológica, e não uma parte da natureza das coisas que se deva tratar com procedimentos matemáticos sofisticados.

Assim sendo, ou a física clássica está errada, ou há uma descontinuidade natural entre sistemas grandes e pequenos. Nenhuma dessas respostas é agradável: a física clássica opera em uma área imensa e a natureza, dizemos, não dá saltos. Então é preciso descartar esse "ou-ou": em vez de dizer que a física mais antiga está errada, Heisenberg a qualifica como um caso especial da física moderna.[25] A mecânica clássica é um caso especial da mecânica quântica; a lógica clássica, um caso especial da lógica quântica e assim por diante. O que parecia ser lei no passado era uma lei expressa de modo consistente com a situação observacional da época; com certas ressalvas (funciona apenas para grandes números quânticos), ainda vale como lei, embora não esteja de acordo com os fatos. Dessa maneira, o passado se incorpora ao presente e lhe é complementar.

Agora está claro que se os interesses dos cientistas fossem puramente pragmáticos, eles não se preocupariam com esse tipo de complementaridade, mas usariam o conceito de um jeito mais simples e operacional, o equivalente discursivo de um engenhoso exercício matemático. Sua recusa em fazê-lo promove a complementaridade à categoria de Princípio. O próprio Heisenberg diz que a física clássica e a quântica são ambas respostas humanas à natureza e as compara a diferentes estilos artísticos: "o estilo surge da interação entre o mundo e nós mesmos [...] tanto a ciência quanto a arte formam, no correr dos séculos, uma linguagem humana com a qual conseguimos falar das partes mais remotas da realidade". A arte moderna, a exemplo da ciência moderna, pode estabelecer relações complementares com sistemas ficcionais desacreditados: a mecânica newtoniana está para a mecânica quântica assim como *Rei Lear* está para *Fim de partida*.

Aplicações mais extremas do Princípio estão associadas ao nome de Niels Bohr. Discórdias obstinadas de outros tipos além de onda e partícula podem ser resolvidas da mesma maneira. Ele estabelecerá complementaridade entre, digamos, mecanicismo e vitalismo na biologia, Oriente e Ocidente na política, amor e justiça na vida comunitária. É verdade que, em algumas situações, não conseguimos distinguir entre fato e nosso conhecimento do fato — é o que os físicos dizem sobre suas observações subatômicas. Então parece fazer sentido que Heisenberg diga que "a situação de complementaridade não se limita apenas ao mundo atômico". "Nós a encontramos", continua ele, "quando refletimos sobre uma decisão ou quando vivemos a escolha entre desfrutar da música e analisar sua estrutura." Mas aqui, penso eu, já estamos chegando ao ponto em que desfrutamos da complementaridade por si mesma. Northrop, em seu prefácio à tradução do livro de Heisenberg, aponta para os perigos de "brincar irresponsavelmente com a lei da contradição, em nome da complementaridade", e há uma crítica ainda mais contundente em *The Way Things Are* [O jeito como as coisas são], de Bridgman.[26] O Princípio, no entanto, está se mostrando muito atraente, por exemplo, para os defensores de Jung: a dra. Von Franz disse há pouco que a relação entre consciência e inconsciência é uma complementaridade análoga àquela que se dá entre onda e partícula na física.[27]

No final das contas, pode-se imaginar o Princípio como algo usado para estabelecer uma consonância entre o que é e o que não é: as proposições podem até ser verdadeiras e falsas ao mesmo tempo. Mas o que quer que possamos pensar sobre essas extensões do Princípio — se existe um princípio que se aplica a ondas e partículas, amor e justiça, desfrute e análise, consciente e inconsciente —, fica claro que se trata de um exemplo interessante da maneira como uma ficção operativa vai além de seus propósitos imediatos. Em termos gerais, pode-se dizer que seu objetivo era o estabelecimento de uma concórdia entre o mundo do pensamento normal e o da física nuclear, entre observações um tanto inquietantes e originalmente difíceis de categorizar e uma ordem aceitável para nossa configuração mental. Agora, seu objetivo se estende para cobrir outras lacunas inquietantes, intervalos no pensamento e na experiência: está fazendo um trabalho análogo ao das ficções literárias. É, em suma, o que chamo de ficção-concórdia. Bohr na verdade faz o que os alegoristas estoicos fizeram para fechar a lacuna entre seu mundo e o de Homero, ou o que Santo Agostinho fez para explicar, contra todas as evidências, a concordância entre as escrituras canônicas. As dissonâncias, bem como as harmonias, devem se fazer concordantes por meio de alguma complementaridade última. Estudos bíblicos posteriores buscaram explicações diferentes e concórdias mais sofisticadas; mas o motivo é o mesmo, embora os métodos possam ser distintos. Uma época, como observou Einstein, são os instrumentos de sua investigação. A física estoica, a tipologia bíblica, a teoria quântica de Copenhagen são todas diferentes, mas todas se valem de ficções-concórdia e afirmam complementaridades.

    Essas ficções atendem a uma necessidade. Parecem realizar aquilo que Bacon disse que poderia fazer a poesia: "dar alguma mostra de satisfação à mente, quando a natureza das coisas parece negá-la". As ficções literárias (a "poesia" de Bacon) fazem o mesmo. Uma consequência é que elas mudam, pela mesma razão que a alegoria patrística não é a mesma coisa, embora possa ser, em essência, o mesmo *tipo* de coisa, que o Princípio de Complementaridade dos físicos. A mostra de satisfação só servirá quando parecer existir um grau de verdadeira obediência à realidade tal como nós, de tempos em tempos, a imaginamos. Assim, poderíamos imaginar um valor constante para as inconciliáveis observações da razão e da imaginação, uma imersa no *chronos*, a outra no *kairós*; mas as proporções variam indeterminadamente. Ou, quando encontrarmos "o que será suficiente", o elemento daquilo que chamei de paradigmático variará. Medimos e ordenamos o tempo com nossas ficções; mas, na realidade, o tempo parece cada vez mais diverso e cada vez menos sujeito a qualquer sistema uniforme de medição. Assim, pensamos no passado em escalas de tempo muito diferentes de acordo com o que estamos fazendo: o tempo do historiador da arte é diferente do tempo do geólogo; o tempo do técnico de futebol, diferente do tempo do antropólogo. Há um tempo dos relógios, um tempo do carbono radioativo e até um tempo da mudança linguística, como na lexicostática. Nenhum deles é igual ao tempo "estrutural" da sociologia. George Kubler, em seu livro *A forma do tempo*, distinguiu entre a idade "absoluta" e a "sistemática", uma hierarquia de durações que vai desde o recife de corais até o ano solar.[28] Nossas maneiras de preencher o intervalo entre o *tique* e o *taque* devem se fazer mais difíceis e mais autocríticas, além de mais variadas; a necessidade que continuamos sentindo é uma necessidade de concórdia, e nós a suprimos por meio de ficções-concórdia cada vez mais diversas. Elas mudam à medida que muda a realidade a partir da qual nós, no meio das coisas, buscamos uma mostra de satisfação: mudam porque "os tempos mudam". As ficções pelas quais buscamos encontrar "o que será suficiente" também mudam. Mudam porque já não vivemos em um mundo com um *tique* histórico que decerto será consumado por um *taque* definitivo. E, entre todas as outras ficções cambiantes, as ficções literárias têm seu lugar. Descobrem, para nosso bem, algo sobre o mundo em mudança: organizam nossas complementaridades. Para alguns de nós, talvez façam tudo isso melhor que a história, melhor que a teologia, sobretudo porque temos consciência de que são falsas. A melhor maneira de entender seu desenvolvimento, porém, é ver como se relacionam com esses outros sistemas ficcionais. Não é que sejamos grandes *connoisseurs* do caos, mas estamos cercados por ele e só dispomos de nossos poderes fictícios para coexistir com ele. Na ausência de uma ficção suprema ou da possibilidade dessa ficção, esse pode ser um destino difícil. É por isso que o poeta dessa ficção é compelido a dizer:

> *From this the poem springs: that we live in a place*
> *That is not our own, and much more, nor ourselves*
> *And hard it is, in spite of blazoned days.**

É também por isso que as ficções literárias morrem, perdem sua força explicativa; e por isso que as ficções que não mudam nem começam a viver logo afundam em mitos e não satisfazem a ninguém senão aos críticos que carecem da competência fundamental do ofício: um ceticismo, um interesse pelas coisas como elas são, pela realidade desumana e também pela justiça humana.

---

* Em tradução livre: "Disto surge o poema: que vivemos num lugar/ Que não é nosso, e ainda mais, não é nós mesmos/ E isso é difícil, apesar dos dias brasonados". Wallace Stevens, "Notes Toward a Supreme Fiction". Há ainda a edição em português: *Notas para uma ficção suprema*. Lisboa: Relógio d'Água, 2007. [N. T.]

3.
Mundo sem fim nem começo[1]

A verdade, então, é que o homem não se purifica por nada senão o "começo", mas esse "começo" é entendido por cada um de maneira muito diversa.

Santo Agostinho

As gerações de homens correm na maré do Tempo, Mas deixam os traços de seus destinos gravados para todo o sempre.

Blake

Vale lembrar que o crescimento do que chamamos de ficção literária aconteceu no momento em que o relato revelado e autenticado do início estava perdendo sua autoridade. Agora que as mudanças nas coisas como elas são mudam os começos para encaixá-los ao todo, os começos perderam sua rigidez mítica. Existem, é verdade, tentativas modernas de restaurar essa rigidez. Mas, de modo geral, há uma correlação entre a sutileza e a variedade das nossas ficções e o caráter distante e duvidoso dos fins e das origens. Há uma relação necessária entre as ficções pelas quais ordenamos nosso mundo e a crescente complexidade daquilo que pensamos ser a história "real" desse mundo.

Proponho, nesta palestra, fazer algumas perguntas sobre um exemplo antigo e muito interessante dessa relação. Há muito se estabeleceu a ideia de que o começo era tal como descrito no Gênesis e de que o fim seria tal como obscuramente predito no livro do Apocalipse. Mas e se essa ideia passasse a soar duvidosa? E se a razão se mostrasse capaz de fornecer um relato bem diferente sobre o tema, um relato contraditório com o da fé? De acordo com o raciocínio que estas palestras vêm seguindo até aqui, vocês poderiam esperar dois desenvolvimentos: devem ter-se gerado ficções de concórdia entre a velha explicação e a nova; e devem ter existido mudanças conseguintes nos relatos fictícios do mundo. E é claro que não me caberia incomodar todos vocês com tudo isto se eu não achasse que tais desenvolvimentos de fato ocorreram.

As mudanças a que me refiro vieram com uma nova onda de influência grega sobre a filosofia cristã. A provisão de ajustes entre o pensamento grego e o hebraico é um imbróglio antigo, um imbróglio de ficções de concórdia — necessárias, diz Berdiaev, porque, para os gregos, o mundo era um cosmos e, para os hebreus, uma história. Mas essa é uma trilha vasta demais da história das ideias para me embrenhar. Vou me ater a meu único exemplo e falar sobre o que aconteceu no século XIII quando os filósofos cristãos enfrentaram o entendimento aristotélico de que nada poderia vir do *nada — ex nihilo nihil fit* —, de modo que o mundo deve ser considerado eterno.

Na Bíblia, o mundo é feito do nada. Segundo os aristotélicos, porém, o mundo é eterno, não tem começo nem fim. Para examinar os argumentos aristotélicos com imparcialidade, seria necessário proceder como se a Bíblia pudesse estar errada. E foi o que se fez. A redescoberta de Aristóteles no século XIII levou à invenção da dupla verdade. É preciso muito refinamento para fazer o que fizeram certos filósofos da época, a saber, perseguir com vigor investigações racionais cuja validez se é obrigado a negar. E a eternidade do mundo era, sem dúvida, mais que uma questão de jogos sábios. Ela questionava tudo o que pudesse parecer impróprio e implausível nos relatos usuais sobre a estrutura temporal do mundo, a relação do tempo com a eternidade (por certo confusa e discordante se comparada à versão neoplatônica) e do céu com o inferno.

Santo Agostinho, trabalhando muito antes em alguns dos mesmos problemas, saiu-se com a matéria sem forma, intermediária entre nada e algo, da qual se fizera o mundo — embora essa matéria se houvesse criado a partir do nada, claro. Sem forma, tinha a potencialidade da forma, sua privação era seu poder de abrigar a forma. Agostinho identifica esse poder com a mutabilidade: a criação, para ele, é um conceito indissociável daquele de mutabilidade, da qual o tempo é o modo. As "razões seminais" são as potencialidades que deverão se atualizar com o tempo. Boécio depois distinguiu essas formas seminais das formas platônicas das quais eram imagens, mas no tempo e na matéria, não na eternidade e na mente de Deus — no que ele chamou de *nunc movens*, e não em *nunc stans*, onde tudo tem existência perfeita e não potencialidade. Assim, temos uma criação cuja lei relativa às formas é uma lei de mudança e sucessão, e um Criador cujo reino e formas são imutáveis e não sucessivos.

Em termos gerais, essa explicação *ex nihilo* durou até o século XIII, época em que foram retomados Aristóteles e seus comentaristas árabes. Por volta dos anos 1270, quando foi condenada junto com muitas outras posições filosóficas, a eternidade do mundo e a negação da imortalidade pessoal que a acompanhava eram bem conhecidas e identificadas em especial com Averróis. Alberto Magno acreditava que a razão poderia refutar a postura averroísta, mas São Tomás, seu pupilo, não: este último pensava que a razão não conseguia provar nem a criação *ex nihilo*, nem um mundo eterno, dizia que devemos acreditar na primeira não por causa de qualquer prova racional, mas simplesmente por causa da revelação. Ele então salvou de Aristóteles tudo que fosse consistente com a revelação, definindo a matéria como pura potencialidade, pura privação, sobre a qual a forma se impunha como cavalo, besouro ou humano. O que é "eduzido" a partir da "potência da matéria" é infinitamente variável. Os homens, como tudo o mais, têm uma forma; mas esta é uma substância e pode subsistir independentemente da matéria, e assim a imortalidade da alma é salva do ataque averroísta.

Desse modo, Tomás de Aquino salvou as origens cristãs, mas substituiu um relato agostiniano pelo relato aristotélico da *prima materia*. Ele também precisava de uma nova justificativa para os anjos. Os anjos não podem ser seres puros, pois então seriam indistinguíveis de Deus; portanto, deve-se permitir que apresentem materialidade ou que sejam de uma terceira ordem: nem matéria, com sua potencialidade, nem ato puro, mas imatéria com potencialidade. São Tomás decidiu que esta última era a escolha certa. Seus anjos, embora imutáveis quanto à substância, são capazes de mudar por atos de vontade e intelecto. Assim, eles se separam da criação corporal, que é caracterizada por uma distinção entre matéria e forma, e também de Deus. Por conseguinte, não são eternos nem pertencem ao tempo. A partir desse argumento, que em última análise é um argumento sobre as origens, desenvolve-se uma terceira duração, entre a do tempo e a da eternidade. Para dizê-lo em outras palavras, os anjos devem ser "simples", mas não tão "simples" quanto Deus. Uma resposta possível era que eles tinham um elemento material. São Boaventura pensava dessa maneira e, para citar um teórico com o qual estamos mais familiarizados, Milton também: os problemas filosóficos e poéticos que essa crença lhe impôs são notórios. Mas Tomás de Aquino pensava de outra maneira, como eu já lhes disse, e por isso teve de inventar essa terceira ordem de duração, distinta do tempo e da eternidade. No imperativo de lhe dar um nome, ele adotou uma palavra que ouvira de Alberto, o Grande, que talvez a houvesse herdado de Agostinho. De qualquer modo, São Tomás chamou essa terceira ordem de *aevum*.

Devo acrescentar que *aevum* não é, de maneira nenhuma, a única ficção temporal dessa espécie. Parece bastante comum que as pessoas pensem primeiro em um segundo tipo de tempo, que depois se tornou muito complexo e foi chamado de eternidade. E não é de todo incomum que se adicione um terceiro, como fez São Tomás de Aquino — encontram-se exemplos modernos em Ouspensky e J. B. Priestley.[2] Mas a ficção de São Tomás é especialmente interessante e produtiva.

A distinção, antes absoluta no pensamento do cristianismo, entre tempo e eternidade — entre *nunc movens*, com seu começo e fim, e *nunc stans*, a posse perfeita de uma vida infinita — ganhou uma terceira ordem intermediária, baseada nessa peculiar posição de nem isto nem aquilo dos anjos. Mas, assim como o Princípio de Complementaridade, essa ficção-concórdia logo provou que tinha usos para além de seu contexto imediato, a angelologia. Por servir como meio para se falar sobre certos aspectos da experiência humana, foi humanizada. E ajudou a pensar na sensação que os homens às vezes têm de participar de alguma ordem de duração que não aquela do *nunc movens* — de serem capazes, por assim dizer, de fazer tudo o que os anjos fazem. Tais são aqueles instantes que Agostinho chama de momentos de atenção da alma; em palavras menos grandiosas, são momentos que os psicólogos denominam "integração temporal". Quando Agostinho recitava seu salmo, encontrava aí uma figura para a integração de passado, presente e futuro que desafiava o tempo sucessivo. Ele descobriu aquilo a que hoje erroneamente se referem como "forma espacial". E antecipou o que sabemos sobre a relação entre os livros e a terceira ordem de duração de São Tomás — pois, no tipo de tempo conhecido pelos livros, um momento tem infinitas perspectivas de realidade. Sentimos, nas palavras de Thomas Mann, que "em seu início existem seu meio e seu fim, seu passado invade o presente, e mesmo a mais extrema atenção ao presente é tomada pela preocupação com o futuro".³ O conceito de *aevum* proporciona uma maneira de falar sobre essa incomum variedade de duração — nem temporal, nem eterna, mas, como disse São Tomás de Aquino, partícipe tanto do temporal quanto do eterno. Não abole o tempo nem o especializa: coexiste com o tempo e é um modo pelo qual as coisas podem ser perpétuas sem ser eternas.

Vimos que o conceito de *aevum* surgiu da necessidade de responder a certas doutrinas averroístas específicas sobre as origens. Mas logo pareceu que esse *medium inter aeternitatem et tempus* poderia ter usos humanos, pois abarcava seres (anjos) com liberdade de escolha e substância imutável, em uma criação que era determinada em outros aspectos. Embora esses seres estivessem fora do tempo, seus atos tinham um antes e um depois. Podemos dizer que *aevum* é a ordem do tempo dos romances. As personagens de romances são independentes do tempo e da sucessão, mas podem e geralmente parecem operar no tempo e na sucessão; o *aevum* coexiste com eventos temporais no momento de sua ocorrência, sendo, como se dizia, feito um pedaço de pau no meio do rio. Brabant acreditava que Bergson herdara a noção por via da *duratio* de Spinoza e, se isso for verdade, existe um vínculo histórico entre o *aevum* e Proust. Além disso, essa *durée réelle* é, a meu ver, o verdadeiro sentido da "forma espacial" moderna, que é uma figura para o *aevum*.

A palavra *aevum* estava ao dispor dos escolásticos porque a Vulgata traduzira *aion* por *saeculum* ao passar do grego ao latim — o que disponibilizou o verdadeiro equivalente latino, *aevum*, para a nova ordem de tempo. Parece ser uma característica das palavras que são empregadas para designar o tempo que elas sejam constantemente adaptadas para novos usos humanos. *Aion* foi usado pelos gnósticos para significar o tempo de um mundo porvir. Então se converteu, como vimos, no tempo dos anjos e, depois, no tempo dos homens em certas posturas de atenção e, em especial, no modo de certas abordagens humanas à perpetuidade. O emprego político e jurídico do conceito foi estudado por Ernst Kantorowicz.[4] O imperador possui uma espécie de perpetuidade, seu halo simboliza a *perennitas* do reino de Davi. Seu corpo natural está sujeito ao tempo, mas sua *dignitas* existe perpetuamente no *aevum*. Nesse sentido, o imperador ou rei "nunca morre": Roma nunca morre, apenas investe Bizâncio ou Moscou; a *maiestas populi romani* persiste nas nações da Europa. A doutrina dos Dois Corpos do Rei, diz Kantorowicz, "camuflava um problema de continuidade" que se manifestou com a recepção, no Ocidente, dos ensinamentos aristotélico-averroístas sobre um mundo eterno. Ao mesmo tempo, as questões de continuidade começavam a interessar aos juristas: nas palavras de Kantorowicz, "uma mudança séria estava acontecendo dentro do reino do Tempo e na relação do homem com o Tempo". Mais precisamente, uma nova ferramenta conceitual facilitava as movimentações humanas dentro desse campo de pensamento e também seu controle. O mundo podia não ser eterno — e a tese fora condenada mais de uma vez —, mas havia uma espécie de imortalidade bastante reconhecível, uma perpetuidade, em certos aspectos da vida humana. A ficção que fornecera uma duração para os anjos e, mais tarde, para as Ideias Platônicas, que alguns também consideravam que tinham lugar no *aevum*, foi trazida à terra e usada para reconciliar certas observações discordantes a respeito da vida humana. Mas e quanto ao tipo de tempo que preservava, em oposição ao que destruía?

Em *De Anima*, Aristóteles falou do ser-para-sempre do homem no ciclo da vida e, em seu *Da geração dos animais*, caracterizou o ciclo da geração como uma espécie de segunda melhor eternidade ("eterna no sentido de que está aberta a isso").[5] Lembrando essa ideia de Aristóteles, era possível perceber que a vida humana e mesmo a vida animal, tomadas em sua perpetuidade genética, também habitavam tal ordem. Assim se inventou uma imagem de infinitude consistente com um fim temporal. Os acontecimentos históricos podem ser únicos e receber um padrão determinado por um fim; mas existem perpetuidades que desafiam tanto a singularidade quanto o fim. Assim, a sociedade humana adquiriu certas características angelicais. No direito, por exemplo, as corporações se tornaram "espécies imortais" e os próprios juristas passaram a reconhecer que havia uma "semelhança entre suas abstrações e os seres angélicos". O Império, o Povo, a corporação legal e o rei jamais morreriam, porque cada um era *persona mystica*, uma pessoa única em perpetuidade; e todo o ciclo da vida criada, com sua perpetuação de formas específicas, tinha o mesmo tipo de eternidade dentro de um mundo não eterno. A velha distinção platônica entre *athanasia* e *aei einai*, imortalidade e ser-para-sempre, ganhou uma nova forma fictícia; os homens podem ter a primeira, mas não a segunda qualidade, verdadeiramente eterna.

Esse tipo de ficção, vocês hão de concordar, tende a se refletir na literatura. Facilita uma atitude diferente e mais flexível em relação à vida, como parece acontecer quando contemplamos todo o quadro a partir de nosso lugar no meio das coisas. Agora, quero examinar algumas evidências de que a ficção do *aevum* tinha esse efeito. Primeiro, vem um poeta filosófico — alguém que, na poesia, reflete sobre o problema em si, o problema das perpetuidades na criação e na vida humana. E, depois, outro poeta que me ajudará a ilustrar o efeito da teoria em vez de sua substância.

Um poeta do século XVI, sobretudo um poeta ciente de que devia ser um literato curioso e universal, podia ter algumas noções, talvez não estritamente filosóficas, sobre a origem do mundo e seu fim, sobre a edução das formas a partir da matéria e a relação de tais formas com as formas superiores que são o modelo do mundo e têm sua existência na mente de Deus. Podia muito bem ser um poeta que meditasse sobre esses grandes opostos complementares: cidade terrena e cidade celestial, unidade e multiplicidade, luz e escuridão, equidade e justiça, continuidade — como triunfantemente manifesto em sua própria Imperatriz — e finais — como tristemente manifesto em sua própria Imperatriz. A exemplo de Santo Agostinho, ele verá a mutabilidade como a condição de todas as coisas criadas, porque imersas no tempo. O tempo, ele sabe, terá de se deter — talvez muito em breve, de acordo com algumas evidências. No entanto, outras evidências sugerem que não será bem assim. Parece-lhe, de qualquer modo, que seu poema deve, pelo menos em parte, apoiar-se em alguma generalização poética — alguma ficção — que reconcilie esses opostos e ajude a dar sentido às discórdias éticas, políticas, jurídicas e assim por diante, que, em sua completude, ela precisa conter.

Essa poderia ser uma descrição aproximada do estado de ânimo de Spenser quando elaborou as seções de seu poema que tratam do Jardim de Adônis e do processo da Mutabilidade, a primeira lidando com a sempiternidade das formas terrenas, a segunda, com a dilatação do ser nessas formas sob a sombra de um fim derradeiro. Talvez os refinamentos e os substitutos das explicações de Agostinho sobre a *prima materia* e suas potencialidades não lhe digam muito respeito: pode ser que ele, enquanto alegorista, pense mais prontamente nessas potencialidades, de uma maneira quase agostiniana, como sementes, razões seminais, plantas cultivadas em um *seminarium*. Mas ele distinguirá — coisa que seus comentadores, muitas vezes, não conseguem fazer — essas formas ou *formulae* das formas celestiais e lhes permitirá o tipo de imortalidade que lhes está aberta: de *athanasia*, e não de *aei einai*. E um lugar óbvio para falar sobre elas seria na discussão do amor, uma vez que, sem o ato representado por Vênus, não haveria edução de formas a partir da primeira matéria. Em outro lugar, ele teria de enfrentar o problema dos dois tipos de eternidade de Platão: a resposta à Mutabilidade é que a criação não morre, mas as últimas estrofes explicam que isso não lhes concede a condição de ser-para-sempre.

No canto do Jardim de Adônis, Spenser está falando sobre o *aevum*, o aspecto quase eterno do mundo. Quando Vênus sai em busca do Cupido, ela deixa para trás "sua casa celestial,/ A casa das formas vistosas". A partir dessas formas, pelo que nos ensinam os versos, derivamos os "seletos formatos" do mundo. São formas inferiores, que têm a imortalidade da sucessão perpétua, e não do ser-para-sempre das formas superiores. O encontro de Vênus com Febe distingue seus papéis: o objetivo de Vênus em sua forma pandêmica é garantir a imortalidade dos tipos. Seu Jardim tem a volúpia necessária para garanti-lo e é "o primeiro seminário/ De todas as coisas que nascem para viver e morrer/ De acordo com seus tipos". Sob o olhar de Gênio, os "bebês nus" passam por um muro de ouro e voltam por um de ferro. Lá fora, são revestidos por um "lodo pecaminoso", mas em seu retorno são replantados, crescem por um milênio e aí são enviados mais uma vez. A matéria investida por essas formas é extraída de "um imenso e eterno *Caos*", que é a *prima materia*; esta é "eterna", mas as formas são variáveis e decaem. O tempo as governa, o que é representado como desastroso — e é desastroso que o êxtase do sexo não seja imortal, apenas o agente de uma imortalidade limitada, a *athanasia*.

Robert Ellrodt, que escreveu o melhor estudo sobre o Jardim, não tem problemas em mostrar que a relação forma-matéria-substância no poema é um lugar-comum medieval: é, para dizê-lo com uma única palavra, agostiniano.[6] O Jardim é um símbolo do ato total da criação: as sementes preexistem, a contínua reunião das formas com a matéria indestrutível enche o mundo com vida gerada. Os tópicos são, em outra linguagem, o substrato material eterno, as formas ou *rationes* (distintas, como Ellrodt não chega a indicar, das formas do *nous* na alegoria da descida de Vênus). Admito que existem algumas dificuldades no caminho da interpretação alegórica completa, as quais ignoro aqui; mas, em termos gerais, Spenser está falando sobre a quase imortalidade do ciclo generativo.

Quando chegamos à alegoria de Vênus e Adônis, as coisas ficam mais difíceis. Ellrodt pensa que a seção forma-substância-matéria se encerra aqui, que Adônis é o sol, como os mitógrafos costumam dizer, e o javali representa o inverno: mesmo ferido pelo javali, Adônis "se faz perpétuo pela sucessão" e revive na primavera. Esse raciocínio, a meu ver, omite o ponto mais relevante. Spenser vem falando sobre uma quase eternidade e, portanto, sobre uma ordem de duração nem temporal nem eterna. Não é verdade que o sol, assim como Adônis, esteja "oculto do mundo e da destreza dos deuses estígios" e não é verdade, quanto ao sol, que Vênus, nessa reclusão, "o possua". De que se pode dizer que não "Morre para sempre, sepultado para sempre/ Na noite sinistra, onde todas as coisas são esquecidas"? De que se pode dizer que seja "sujeito à mortalidade" e, ainda assim, "eterno na mutabilidade/ E por sucessão feito perpétuo/ Muitas vezes mudado e transformado", chamado de "o Pai de todas as formas"? Não do sol, por certo. Mas, do ciclo generativo, pode-se dizer que, pelo poder e consentimento de Vênus, alcança seu próprio tipo de eternidade, perpétua ainda que mutante. Adônis não é matéria — uma leitura que chegou a ser proposta, mesmo que seja impossível — e não é o sol. Ele é todo o ciclo biológico, concebido como algo que subsiste no *aevum*. É o que derrota o javali, pois o javali é a morte, o poder que, em um mundo decadente, busca fazer com que todos os tipos, na palavra de Milton, sejam "inimortais".

Podemos dizer, portanto, que o Jardim de Spenser leva em conta a ficção destinada a reconciliar a evidência de um mundo eterno com a negação de tal mundo no cristianismo. Spenser, como já comentei, estava muito interessado justo nessas ficções e nas circunstâncias que as produziam: amor e império, mutabilidade e constância, por exemplo. Seu editor intitulou o sétimo livro — do qual apenas os Cantos da Mutabilidade sobreviveram — a "Lenda da constância"; e, nele, Spenser confronta a mutabilidade não apenas com o *nunc stans*, a constância da eternidade, mas também com a perpetuidade, a imutabilidade que se pode atribuir ao *nunc movens*. A mutabilidade é, em parte, um aspecto essencial da criação e, em outra parte, uma consequência da Queda. Na experiência comum, a variedade e a beleza do mundo estão inextricavelmente associadas à mutabilidade; e os Cantos são, por conseguinte, uma homenagem ao que há de diverso na criação. A resposta à Mutabilidade vem da Natura, não do Deus do grande Sabá: sua vinda é assinalada em uma estrofe de mistério sexual (a exemplo da Fênix e da Vênus do Livro IV, que também habitam o *aevum*, ela é representada como hermafrodita) e flores brotam sob seus passos. Ela é a deusa daquilo que vive e muda no tempo sob as condições de uma sorte de imortalidade que é, por definição, própria do tempo. Seu julgamento começa com a admissão de que a natureza das coisas criadas é mudar; mas, enquanto a Mutabilidade ressalta o declínio inerente a esse processo — como em VII, 18 —, a Natureza explica que a mudança aqui é um agente da permanência:

> *being rightly wayd*
> *They are not changed from their first estate;*
> *But by their change their being doe dilate:*

> *And turning to themselves at length againe,*
> *Doe worke their owne perfection so by fate:*
> *Then over them Change doth not rule and raigne:*
> *But they raigne over change, and doe their states maintaine.**

No ciclo generativo, as coisas criadas afirmam seu próprio tipo de eternidade pela perpetuação das espécies em mudança. A Natureza acrescenta, na última estrofe do Canto, que, se os desejos da Mutabilidade fossem realizados e o mundo se reduzisse à matéria meramente errante, sem a permanência de formas específicas, o mundo chegaria ao fim, assim como seu poder dentro dele, pois, nesse tempo, cessariam todas as mudanças. As perpetuidades do *aevum* são próprias apenas de um universo em que haja tempo; quando esse universo se reduz ao seu primeiro nada e existe apenas o *nunc stans*, o uso humano do *aevum* se encerra. A visão da constância eterna vem logo em seguida, nas últimas estrofes do poema, o fragmentário Oitavo Canto.

As discórdias de nossa experiência — o deleite na mudança e o medo da mudança, a morte do indivíduo e a sobrevivência da espécie, as dores e prazeres do amor, o conhecimento da luz e das trevas, a extinção e a perpetuidade dos impérios — eram os temas de Spenser e não poderiam ser tratados sem esta terceira coisa, uma espécie de tempo entre o tempo e a eternidade. Ele não facilita que se extraiam noções filosóficas de seu texto; mas não tenho dúvidas de que esteja interessado no *aevum* vencedor do tempo e o empregue como uma ficção-concórdia. "As sementes do conhecimento", observou

---

* Em tradução livre: "uma vez no caminho certo/ Não mudam de seu estado primeiro;/ Mas por sua mudança, seus seres se expandem:/ E voltando-se para si mesmos,/ Trabalham sua própria perfeição por obra do destino:/ Então sobre elas a Mudança não rege nem reina:/ Mas elas reinam sobre a mudança e mantêm seus estados". Edmund Spenser, *The Faerie Queene*. [N. T.]

Descartes, "estão dentro de nós feito o fogo na pederneira; os filósofos as eduzem pela razão, mas os poetas as arrancam pela imaginação e, assim, elas cintilam com mais brilho." Deixamos para trás as sentenças filosóficas, com sua busca por distinções e consequências lógicas, rumo a uma inventividade livre e prazerosa, uma nova imaginação dos problemas. Spenser se valeu de algo como as razões seminais agostinianas; é provável que não estivesse preocupado com os argumentos posteriores contra elas, discriminações mais sutis. Nos cantos do Jardim, ele não enfrenta as questões da concriação, mas descuidadamente — do ponto de vista filosófico — dá prioridade cronológica à matéria. Talvez ele tenha encontrado a ideia de que a criação necessita de mutabilidade em Agostinho, ou apenas notado por si mesmo, sem se perguntar como poderia a um só tempo ter esse traço e ser uma consequência da Queda; tratava-se de uma característica essencial da experiência de mundo de qualquer pessoa, assim como todos os argumentos, precisos ou não, a seu respeito.

Ora, uma das diferenças entre fazer filosofia e escrever poesia é que, na primeira atividade, destruímos o objeto quando imitamos a desordem inerente a uma perspectiva assistemática do tema, ao passo que, na segunda, devemos em certa medida imitar o que é extremo e fulgurante, senão perdemos contato com aquele sentimento de confusão resplandecente. Assim, os escolásticos, quando falavam de Deus, tentavam encontrar uma ideia pura de simplicidade, o que, para eles, tornou-se uma questão muito complexa, mas ainda racional: um anjo, por exemplo, é menos simples que Deus, porém mais simples que o homem, porque uma espécie é menos simples que um ser puro, contudo mais simples que um indivíduo. Mas, quando um poeta discute tais assuntos, como em "Air and Angels" [Ar e anjos], ele faz uma discussão humana. Na verdade, em vez de discutir os anjos, faz algo que é um anjo — algo simples que vai ficando cada vez mais enigmático nas mãos dos comentadores. É por isso que não podemos dizer que o Jardim de Adônis esteja errado, como a Faculdade de Paris poderia dizer que os averroístas estavam errados. E a conclusão de Donne é mais um chiste sobre as mulheres que uma verdade sobre os anjos. Spenser, embora seu entendimento da expressão sem dúvida fosse inferior ao de São Tomás de Aquino, fez das estrofes do Jardim algo "mais simples" que qualquer seção da *Summa* — e também mais sensual e apaixonado. Milton empregou a ideia em sua fórmula da mesma maneira como Tomás de Aquino a relacionara aos anjos. A poesia é mais simples e, portanto, mais difícil de debater, embora haja na poesia ideias que possam ser rotuladas de "filosóficas".

Ainda assim, os poetas pensam e pertencem ao seu tempo; então os poetas da época de Spenser, mesmo que pudessem sentir o que Bacon sentia sobre as "questões vermiculares" dos escolásticos, deviam muito às suas conquistas. Como De Wulf observou, a síntese escolástica é um reflexo fiel demais da mente ocidental para ser abandonada por completo — ela "perdurou em todos os homens como um ponto fixo de referência para suas sensibilidades". E a mudança que eles operaram na maneira humana de sentir o tempo afetou não apenas a poesia filosófica como a de Spenser. Stevens elogiou, e por boas razões, um comentário de Jean Paulhan: o poeta "cria confiança no mundo": *"la confiance que le poète fait naturellement — et nous invite à faire — au monde"*.* Mas acrescentou que essa não é, em si, uma das diferenças entre poetas e filósofos, porque, de uma maneira diferente, os filósofos também estão interessados na criação dessa confiança, interessados em humanizar o mundo por meio de ficções como a causalidade — ou

---

* "A confiança que o poeta naturalmente entrega — e nos convida a entregar — ao mundo." [N. T.]

os anjos. E, se os tempos mudaram como mudaram, não devemos nos surpreender ao encontrar a mesma coisa no maior dos criadores de confiança, Shakespeare.

Como o assunto é muito vasto, peço-lhes que considerem apenas um ou dois aspectos rápidos. Já comentei, em palestra anterior, que podemos considerar a tragédia a sucessora do apocalipse, e é evidente que isso está de acordo com a noção de um mundo sem fim. Em *Rei Lear*, tudo tende a uma conclusão que não acontece: até a morte pessoal, para Lear, é terrivelmente adiada. Para além daquilo que parece o pior, há um sofrimento ainda mais profundo e, quando chega, o fim não é apenas mais apavorante do que se esperava, mas também mera imagem daquele horror, não a coisa em si. O fim agora é uma questão de imanência: a tragédia assume as figurações de apocalipse, de morte e julgamento, céu e inferno; mas o mundo segue adiante nas mãos de sobreviventes exaustos. Edgar desgraçadamente sobe ao trono; apenas o corpo natural do rei repousa. Esta é a tragédia da sempiternidade: o apocalipse é vertido do tempo para o *aevum*. O mundo, como supõe Gloucester, pode apresentar todos os sintomas de decadência e mudança, todos os terrores de um fim que se aproxima; mas, quando chega, o fim não é um fim, e tanto o sofrimento quanto a necessidade de paciência são perpétuos. Descobrimos um novo aspecto de nossa quase imortalidade: sem a noção de *aevum* e a doutrina da realeza como algo dual, existindo nele e no tempo, tal tragédia não seria possível.

Que imagem temporal do mundo derivamos de *Macbeth*? É, para usar a palavra que a peça nos impõe, *equivocal* [ambígua, dúbia, equívoca]. Singularmente absorta na profecia, a peça se abre com uma pergunta sobre o futuro: *"When shall we three meet again?"* [Quando haveremos as três de nos reencontrar?]. E quem fala logo acrescenta, sem muito sentido aparente: *"In thunder, lightning, or in rain?"* [Sob trovão, relâmpago ou chuva?]. Mas essas são três condições que florescem, por assim dizer, no mesmo canteiro: não diferem a ponto de se apresentar como alternativas mutuamente exclusivas. Para um espectro que consegue ver a causa das coisas, uma previsão de mau tempo na Escócia não chega a ser um grande feito, e os ou-isto-ou-aquilo do problema se limitam a abarcar, de maneira irônica, uma seleção inútil de alguns aspectos do futuro às custas de outros. A resposta à pergunta é:

When the hurlyburly's done,
When the battle's lost and won.*

Hurly [barulheira] está para *burly* [barulhada] como trovão para relâmpago, e batalhas ganhadas também são perdidas. O futuro se bifurca em antíteses feitas pelo homem, que absurdamente se duplicam ou triplicam em uma paródia das incertezas da predição humana. *"Fair is foul and foul is fair"* [Bem é mal e mal é bem]: tudo depende da natureza da atenção do observador ou da estimativa que ele faz em seu próprio interesse.

É o que L. C. Knights chamou de "pega-pega metafísico", uma boa expressão, porque pega-pega lembra barulheira-barulhada. É também uma paródia da ambiguidade, do equívoco profético, um dispositivo tão antigo quanto o oráculo de Delfos. Todos os enredos têm algo em comum com a profecia, pois precisam parecer que eduzem, a partir da *prima materia* da circunstância, as formas de um futuro. O melhor deles, pensava Aristóteles, traz uma *peripeteia* que não é menos dependente que as outras partes de "nossa regra de probabilidade ou necessidade", mas que surge daquilo a que demos menos atenção

---

* "Quando terminada esta barulhada./ Depois da batalha perdida e ganhada." William Shakespeare, *Macbeth*. Trad. de Manuel Bandeira. São Paulo: Cosac Naify, 2009. Acompanhando a tradução de Bandeira, a diferença entre *hurly* e *burly* seria como a que existe entre "barulheira" e "barulhada". [N. T.]

na circunstância original: a *peripeteia* é um enredo equívoco e já foi comparada, com alguma justiça, à ironia.⁷ *Macbeth* é, acima de todas as outras, uma peça de profecia: não apenas representa profecias, tem obsessão por elas. Está interessada no desejo de sentir o futuro no instante, de transportar-se para além do presente ignaro. Fala dos malogros em se atentar à parte do equívoco que carece de interesse imediato (como se alguém devesse atentar à barulheira, e não à barulhada). A peça se interessa, também, pelos equívocos inerentes à linguagem. O hebraico conseguia ter uma única palavra para "sou" e "serei"; Macbeth já é homem de uma ordem temporal diferente. O mundo alimenta suas ficções do futuro. Quando ele pergunta às irmãs quem elas são, sua resposta é lhe dizer o que ele *será*.

Macbeth, mais que qualquer outra peça de Shakespeare, é uma peça de crise, e seus primeiros versos são uma figura para a agonia aparentemente atemporal de um momento em que os tempos se cruzam: quando nossa costumeira apreensão de passado e futuro sucessivos se traduz em outra ordem de tempo. Talvez se possa dizê-lo melhor olhando para um definidor mais antigo e prototípico: Santo Agostinho. Ele escreveu sobre o momento em que nos confrontamos com o que se perde e o que se ganha do futuro; momento em que é vasta a lacuna entre desejo e ato. Embora certo do fim desejado, Santo Agostinho estava "em conflito" consigo mesmo, as escolhas a serem feitas "se encontravam todas reunidas na mesma junção de tempo". Ele dizia para si: "Que seja agora, que seja agora"; mas ainda hesitava entre o bem e o mal, exclamando: "Quanto tempo? Quanto tempo? Amanhã e amanhã?". Esse é o momento em que a alma se distende para abarcar o passado e o futuro; e as semelhanças de linguagem e sentimento nos lembram que Macbeth também tinha de examinar a relação entre o que se pode querer e o que já está previsto. Ao longo das primeiras cenas, perguntas triplas e respostas duplas nos preparam para o solilóquio do final do primeiro Ato, que é a fala de um homem nessa mesma junção de tempo. As bruxas equívocas fundem passado, presente e futuro: Glamis, Cawdor, Escócia. São, elas mesmas, assim como o futuro, fantasias que podem assumir forma objetiva. Bem e mal, perdida e ganhada, menor e maior, menos feliz e mais feliz. Elas vestem o presente com os mantos emprestados do futuro, com os equívocos da profecia. As profecias, observa Macbeth, não são em si mesmas nem boas, nem ruins; mas lhe trazem imagens de horror que inundam o presente, de modo que "nada existe mais senão aquilo/ que não existe". Elas o levam àquela junção de tempo que Bruto, em *Júlio César*, define com a nitidez de um sonho terrível — o tempo "entre a realização de algo horrendo/ e o primeiro movimento". É o ínterim em que se nega ao paciente o alívio da sucessão do tempo — e parece nunca ter fim. Sua vida pende à beira do pesadelo, assim como o tempo. Daí a linguagem de gangorra: *arrogante e piedoso, justo e injusto, bem e mal*.

O grande solilóquio começa com o desejo de que se encerre a perpetuidade desse momento. É curioso que tenhamos cunhado um dito com a expressão *"be-all and end-all"*.*
Não era um dito para Shakespeare: ele a inventou a partir do tema e da linguagem da peça. Ser e findar [*to be and to end*] são, no tempo, antitéticos; sua identidade pertence à eternidade, o *nunc stans*. Em outro sentido, a expressão é um amálgama fecundo da crise com o fim que lhe é imanente. Macbeth queria selecionar um aspecto do futuro equívoco e fazer dele um presente perpétuo, Shakespeare lhe dá a palavra-crise certa, a gangorra entre tudo-ser e tudo-findar. Ele de fato usou um dito popular na passagem, bem no começo: vocês vão encontrar a

---

* Algo como "tudo-ser e tudo-findar". No inglês contemporâneo, *be-all and end-all* expressa tanto o exemplo supremo, o elemento essencial de alguma coisa, quanto uma obsessão, uma ideia fixa. [N.T.]

fonte de "*If it were done when 'tis done*" [Se feito fosse quando fosse feito] em Tilley ("*the thing that is done is not to do*" [coisa feita não é coisa a fazer]),[8] desde que tenham certeza de que Shakespeare não está se lembrando de Agostinho (ou mesmo de Jesus: "Faze depressa o que estás fazendo", João 13:27).

Macbeth está dizendo que, se um ato pudesse se realizar sem sucessão, sem consequência temporal, seria possível acolhê-lo vindo de um futuro possível para a realidade: seria como ter barulheira sem barulhada. Mas atos sem "sucesso" são propriedade do *aevum*. Nesse sentido, nada no tempo pode estar *feito*, livre de consequências ou aspectos equívocos. Por suas próprias formas, a profecia o admite — e os enredos também o admitem. Trata-se de um truísmo confirmado mais adiante por Lady Macbeth: "O que está feito não pode ser desfeito". O ato não é um fim. À maneira tripla e arrebatada da peça, Macbeth três vezes deseja que fosse: se o fazer fosse um fim, diz ele, se a cessação cancelasse o sucesso, se "ser" fosse "findar". Mas apenas os anjos fazem suas escolhas em um tempo não sucessivo, e "ser" e "findar" são a mesma coisa somente em Deus. Macbeth pensa em abandonar o projeto. É dissuadido por sua esposa em uma fala que traz os tempos verbais passado, presente e futuro para convergir na mesma junção: "*Estava* bêbada a esperança [...]? *Tens* medo de ser na ação e no valor o mesmo que és no desejo? *Temes* ser o mesmo nos atos e no desejo? [...] *Deixarás* o 'não me atrevo' sobrevir ao 'faria' [...]?". Ela busca a abolição do ínterim entre o desejo e o ato, a redução do tempo em que se permite aos homens ponderar seus desejos em termos do tempo de Deus e também do seu próprio.

A distinção é antiga. Cristo esperou por seu *kairós* recusando-se a antecipar a vontade de seu Pai: é o que ele quis dizer quando falou "Não tentarás o Senhor teu Deus", explica Ireneu. E, quando pecamos, agimos contra o tempo de Deus e "arrogamos a nós mesmos uma espécie de eternidade, para 'termos uma visão de longo alcance' e 'nos assegurarmos das coisas'", como observou Clemente. Portanto, de acordo com Hans Urs von Balthasar, "a restauração da ordem pelo Filho de Deus tinha de ser a anulação daquele arroubo prematuro do conhecimento [...], o retorno arrependido desde uma transferência rápida e falsa para a eternidade até um confinamento lento e verdadeiro no tempo". A escolha é entre o tempo e a eternidade. Não existe, na vida, a terceira ordem que Macbeth deseja. Ao se agarrar a um futuro, ele tem de aceitar barulheira com barulhada.

Todo o *Macbeth* é atravessado pela linguagem dos tempos, estações, profecias. Depois do ínterim, a realização de algo horrendo põe Macbeth mais uma vez sob o domínio do tempo, antecipa suas façanhas de terror e o destroça a tal ponto que ele já não consegue fingir que compreende seu movimento. Sobre as vinganças do Tempo, os grandes equívocos temporais dessa peça, não posso falar agora. Mas é verdade que a crise da escolha de Macbeth, tanto quanto o Rei morto, é "uma imagem do Juízo Final"; que era presunção sua imaginar que poderia escolher o tempo angélico ou divino; e que, portanto, depois de escolher seu fim no momento da crise, ele sofre no tempo. Esperar a estação, como fez Jesus ("o tempo prefixado aguardei", ele diz em Milton[9]) ou como Gloucester precisa aprender a fazer em *Lear* e como Hamlet também aprende, é uma solução diferente daquela de Macbeth.

Hamlet é outra peça de crise prolongada, e creio que se poderia demonstrar também aí o choque proposital entre *chronos* e *kairós*, o obsessivo arranjo de passado, presente e futuro em um momento que parece exigir uma ação cujo resultado só se pode prever ambiguamente. Por fim, sabe-se que a prontidão é tudo; que nossas escolhas têm sua estação, a qual é outro tempo, diferente daquele em que sentimos que vivemos, embora, assim como o tempo dos anjos, cruze com o nosso.

O *kairós*, momento quando enfim o tempo é livre, chega por meio de uma *peripeteia* divina, por juízos acidentais e propósitos errôneos; não podemos nos preparar para sua chegada apenas adotando "uma visão de longo alcance". E quando o *kairós* chega, é um fim, na medida em que os assuntos humanos têm fins. Não é um fim universal, apenas uma imagem desse fim. Em *Lear*, a tragédia mais importante, a universalidade é explicitamente rejeitada: temos a imagem de um fim, mas a honra sobrevive em uma espécie de eternidade, um *aevum*. Isso não traz implicações necessárias para a felicidade: não apenas Malcolm, mas também Edgar, enquanto príncipes, e não apenas os príncipes, mas também os condenados do inferno, habitam o *aevum*.

O que, então, pode nos dizer a tragédia de Shakespeare, nesta breve visada, sobre o tempo humano em um mundo eterno? Ela apresenta imagens de crise, de futuros equivocamente oferecidos, por predição e ação, como realidades, como um confronto do tempo humano com outras ordens, e a desastrosa tentativa de impor desígnios limitados ao tempo do mundo. O que emerge de *Hamlet* é — depois de muita ação fútil e ilusória — a necessidade de paciência e prontidão. O "período sangrento" de *Otelo* é o fim de uma vida arruinada por uma curiosidade inoportuna, fora de estação. O final milenar de *Macbeth* e o apocalipse fraturado de *Lear* são finais falsos, períodos humanos em um mundo eterno. São investigações sobre a morte em uma época tardia demais para o apocalipse, crítica demais para a profecia — uma época mais consciente de que suas ficções são, elas mesmas, modelos do desígnio humano sobre o mundo. Mas ainda era uma época que sentia a necessidade humana de fins consoantes com o passado, o tipo de fim que Otelo tenta alcançar com seu discurso final: um fim completo, concordante. Como de costume, Shakespeare lhe permite seu *taque*, mas não finge que o relógio não avança.

A perpetuidade humana que Spenser opôs à nossa imagem do fim também aqui é representada pelos anúncios régios de Malcolm, a eleição de Fortinbras, a resolução sombria de Edgar.

No apocalipse, existem duas ordens de tempo, e o tempo terreno corre até se deter: para os habitantes da terra, o grito de dor significa o fim de seu tempo — doravante, "o tempo não existirá mais". Na tragédia, o grito de dor não põe fim à sucessão: as grandes crises e os fins da vida humana não detêm o tempo. E, se quisermos que sirvam às nossas necessidades enquanto nos vemos no meio das coisas, precisamos dar-lhes padrões, relações implícitas, como as define Macbeth, que desafiam o tempo. As concórdias de passado, presente e futuro para as quais se estende o espírito estão fora do tempo e pertencem à duração que foi inventada para os anjos quando parecia difícil negar que o mundo em que os homens sofrem seus fins é dissonante por ser eterno. Para fechar essa grande lacuna, usamos ficções de complementaridade. Agora, elas podem ser romances ou poemas filosóficos, mas já foram tragédias e, antes disso, anjos.

Qual era a aparência da lacuna em tempos mais modernos e como os homens mais modernos a fecharam: essa é a indagação da segunda metade desta série.

4.
O Apocalipse moderno

[...] *depois de nós, o Deus Selvagem...*
Yeats

Neste momento, eu gostaria de abordar os padrões do apocalipse, conforme os esbocei na primeira palestra, e refletir sobre sua relevância para nossos tempos. Vale relembrar que falei de certos aspectos do pensamento e sentimento apocalípticos escolhidos de modo arbitrário: os Terrores, a Decadência e a Renovação, a Transição e o ceticismo dos literatos. Voltarei a me referir a eles. Uma vez mais, o contexto no qual falarei sobre o tema é sobretudo literário: um dos objetivos da palestra será fornecer algumas pistas sobre aquilo que A. O. Lovejoy teria chamado de "a discriminação dos modernismos". Isso seria possível, penso eu, por causa do teor reconhecidamente apocalíptico de boa parte do pensamento radical sobre as artes em nosso século e porque, dado esse interesse comum aos modernismos, podemos distingui-los em termos de seus diferentes modos de tratar o paradigma.

Venho argumentando que deve haver uma ligação entre as formas da literatura e as outras maneiras pelas quais, para citar Erich Auerbach, "tentamos conferir algum tipo de ordem e desenho ao passado, ao presente e ao futuro".[1] Uma dessas maneiras é a crise. Penso que devo começar dizendo algo sobre o sentido moderno de crise. Quando vocês leem, como imagino que o façam quase todos os dias, que a nossa é a grande era da crise — tecnológica, militar, cultural —, é possível que apenas concordem e prossigam tranquilamente com seus afazeres; pois essa afirmação, sobre a qual se baseia uma infinidade de livros importantes, não é hoje mais surpreendente que o fato de a Terra ser redonda. Parece-me haver algum perigo nessa situação, ainda que apenas porque tal mito, aceito sem crítica, tende, assim como a profecia, a moldar um futuro que o confirme. A crise, no entanto, por mais simplista que seja sua concepção, é inevitavelmente um elemento central de nossos esforços para dar sentido ao mundo que nos cerca.

Parece ser condição inerente ao exercício de pensar o futuro pressupor que nosso próprio tempo tenha uma relação extraordinária com ele. O tempo não é livre, é escravo de um fim mítico. Acreditamos que nossa crise é mais extraordinária, mais preocupante, mais interessante que as outras crises. McLuhan, para dar um exemplo notável para os estudiosos das artes, coloca-nos no momento singular daquilo que ele vê como uma interpenetração galáctica.[2] Auerbach encontrou a força motriz de sua poderosa filologia sinóptica na convicção de que seu momento era único, momento de uma crise cultural sem precedentes, em que se podia alcançar uma consciência clara do verdadeiro caráter da Europa, pois "a civilização europeia está se aproximando do fim de sua existência", prestes a ser engolfada por outra unidade histórica. Até mesmo o intelectual que estuda a crise enquanto fenômeno histórico recorrente, se não perpétuo, tende a destacar a nossa crise como o maior exemplo. No livro *Social Philosophies of an Age of Crisis* [Filosofias sociais de uma era de crise], Sorokin leva em conta outras crises — "situações transicionais dolorosas", ele as denomina —, mas trabalha sempre partindo do pressuposto de que "o século XX é o período da maior crise [...] uma transição catastrófica para uma nova cultura".[3] Daí as filosofias da história modernas, diz ele, terem um caráter escatológico.

Ora, também acredito que exista um poderoso teor escatológico no pensamento moderno e que ele se reflita nas artes — como se diz que *Guernica* reflete apocalipses medievais que interessaram a Picasso. Mas não creio que seja fácil ver a singularidade de nossa situação. É lugar-comum falar de nossa situação histórica como excepcionalmente terrível e, de certa maneira, privilegiada, um ponto cardeal do tempo. Mas será que é isso mesmo? Parece discutível que nossa crise, nossa relação com o futuro e com o passado, seja uma das diferenças importantes entre nós e nossos predecessores. Muitos deles se sentiam como nos sentimos hoje. Se as evidências nos parecem suficientes, também pareciam a eles. Se temos algum privilégio, um privilégio terrível, talvez seja só porque estamos vivos e vamos morrer — todos de uma vez ou um a cada tanto. Outras pessoas perceberam esse fato e expressaram seus sentimentos a respeito em imagens diferentes das nossas, exércitos no céu ou um Anticristo palpável, por exemplo — imagens que nós descartamos. Mas seria infantil argumentar, em um debate sobre como as pessoas se portam diante da ameaça escatológica, que as bombas nucleares são mais reais e impõem sentimentos de crise mais autênticos que exércitos no céu. Não há absolutamente nada de excepcional na ansiedade escatológica: era um traço da cultura mesopotâmica e agora é uma característica, muitas vezes um tanto rançosa, daquilo que Lionel Trilling chama de "cultura adversária" ou subcultura em nossa sociedade.[4] É claro que, por se ligar aos meios escatológicos disponíveis, essa ansiedade se associa a imagens cambiantes. E que é melhor falar sobre os traços distintivos da crise moderna a partir da literatura que ela produz: é por meio de nossas imagens do passado, presente e futuro, e não de nossa confiança na singularidade de nossa crise, que se deve conhecer o caráter de nosso apocalipse.

Deixo de lado o apocalipse fraudulento e também o apocalipse demótico, embora ainda floresçam, para atentar a exemplos mais sérios do padrão que já mencionei. É um padrão de ansiedade que veremos se repetir, com diferenças interessantes, em distintos estágios do modernismo. Sua recorrência é um traço de nossa tradição cultural, quando não, em última análise, de nossa fisiologia, pois nossas maneiras de pensar e sentir nossa posição no meio das coisas e nossa posição histórica, sempre no final de uma época, são, em alguma medida, determinadas. "É uma peculiaridade da imaginação que ela esteja sempre no fim de uma era." Damos sentido ao passado como a um livro ou salmo que já lemos ou recitamos, ao presente como a um livro cujos significados vamos decifrar: a única maneira de fazê-lo é projetar medos e conjecturas e inferências do passado no futuro. Santo Agostinho descreveu esse quadro em suas *Confissões*. Os momentos que chamamos de crise são fins e começos. Estamos preparados, portanto, para aceitar todos os tipos de evidências de que nosso fim é genuíno, nosso começo é genuíno. Nós os acolhemos, por exemplo, do calendário.

Nosso senso de época se satisfaz sobretudo no final dos séculos. Às vezes, parece inclusive que induzimos os eventos a ocorrerem de acordo com esse hábito mental secular. Falei brevemente que o ano 1000 foi um caso típico; mas suponho que, para a maioria de nós, o mais conhecido surto de fenômenos de *fin de siècle* tenha acontecido no final do século XIX — de toda maneira, foi quando a expressão se fez corrente. Decerto havia uma dose de sentimento apocalíptico naquela época, em particular na ressurreição das mitologias imperiais na Inglaterra e na Alemanha, na "decadência" que se tornou uma categoria literária e que produziu o livro de Nordau ("é como se o amanhã não conseguisse se ligar ao hoje. As coisas como estão vacilam e desmoronam"), no revivalismo utópico de algumas seitas políticas e no anarquismo de outras. Aqui devemos passar ao largo desse tema tão amplo e interessante, cabendo apenas argumentar que todo o concurso dos fenômenos de *fin de siècle* ilustra vastamente a tese de Focillon de que projetamos nossas ansiedades existenciais na história; existe uma correlação efetiva entre o fim dos séculos e a peculiaridade de nosso imaginário, que escolhe estar sempre no fim de uma era. Naturalmente, pode-se ver esse alvoroço sobre os séculos como algo fundado na arbitrariedade do calendário, que sabemos ser um mito. Às vezes, ouvimos pessoas dizerem, com certo orgulho de sua resistência culta ao mito, que na verdade o século XIX não terminou em 1900, mas em 1914. O fato é que existem diferentes maneiras de se mensurar uma época. O ano de 1914 tem predicados óbvios; mas, se quiséssemos defender a data mais redonda e mítica, poderíamos fazê-lo sem qualquer dificuldade. Em 1900, Nietzsche morreu e Freud publicou *A interpretação dos sonhos*; o ano de 1900 foi a data das *Investigações lógicas* de Husserl e da *A filosofia de Leibniz (uma exposição crítica)* de Russell. Com uma primorosa percepção do tempo, Planck publicou sua hipótese quântica nos últimos dias do século, em dezembro de 1900. Assim, em poucos meses, foram publicadas obras que transformaram ou revalorizaram a espiritualidade, a relação da linguagem com o conhecimento e o próprio locus da incerteza humana, doravante pensada não como uma falha do aparato humano, mas como parte da natureza das coisas, condição daquilo que podemos saber. O ano de 1900, a exemplo de 1400 e 1600 e 1000, tem a aparência de um ano que encerra um *saeculum*. O clima de *fin de siècle* é confrontado por um rigoroso *finis saeculi* histórico. Há nisso algo de satisfatório, uma prova da exatidão dos padrões que impomos. Mas, como observou Focillon, a ansiedade que se reflete no *fin de siècle* é perpétua, e as pessoas não esperam o fim de cada século para expressá-la. Qualquer data pode ser justificada com um cálculo ou outro.

E é claro que temos, agora, o sentido de um fim. Essa sensação não diminuiu e é tão endêmica no que chamamos de modernismo quanto o utopismo apocalíptico na revolução política. Quando vivemos na atmosfera de uma crise dominada pelo fim, certos padrões hoje familiares ficam mais evidentes. Yeats vai me ajudar a ilustrá-los.

Para Yeats, uma era deveria terminar em 1927. O ano se passou sem apocalipse, como costumam passar os anos; mas isso não tinha a menor importância. "Quando estava escrevendo *Uma visão*", disse ele, "trazia sempre gravada em mim a palavra 'terror' e, certa vez, a antiga profecia estoica de terremoto, fogo e dilúvio ao fim de uma era, mas não a tomei literalmente." Yeats sem dúvida é um poeta do apocalipse, ainda que não o entenda no sentido literal, e me parece que essa é uma característica da atitude não apenas dos poetas modernos, mas também do público literário moderno diante dos elementos apocalípticos. De toda maneira, assim como nós, de algum modo ele acreditava nesses elementos e associava o apocalipse à guerra. Na virada do tempo, ele encheu seus poemas com imagens de decadência e glorificou a guerra porque a enxergava, com certa ignorância, podemos pensar, como um instrumento de renovação. "O perigo é que não haja guerra [...]. Amem a guerra por seu horror, para que se transformem as crenças, se renove a civilização." Ele via seu tempo como um tempo de transição, os últimos momentos antes de uma nova anunciação, um novo giro. O horror estava por vir: "trovões de pés, tumulto de imagens". Mas da realidade desolada viria a renovação. Em suma, podemos encontrar em Yeats todos os elementos do paradigma apocalíptico que nos interessa. Temos os Terrores; o ceticismo letrado próprio a um aristocrata erudito diante dessas imagens de horror; uma profunda certeza de decadência e uma profética confiança na renovação; e tudo isso envolto na crença de que seu momento era o momento da crise suprema, quando uma era se transformava em outra por meio de um processo que ele chamou de "gradual aumento e advento", um "influxo multiforme e antitético".

Temos nossos Terrores e suas imagens específicas, embora, como já observei, eles não nos diferenciem em essência de outros escritores de apocalipses. Como se poderia esperar de uma era de comunicações fáceis, funcionam com a desvantagem do acesso fácil demais, uma vez que podem ser usados como disfarce para aspectos mais indulgentes da conduta do *fin de siècle*. De modo geral, não nos consentimos o misticismo numérico que costumava acompanhar as especulações sobre os Últimos Dias joaninos, embora se possa pensar que as 44 etapas da escalada — a aritmologia do impensável — sejam sucedâneas para os sete selos e os toques da trombeta. O certo é que nos interessamos pela decadência e pela renovação; a base desse interesse talvez seja primitiva, embora sua expressão possa ser extremamente sofisticada. Por exemplo: a ideologia marxista original, por mais tênue que seja sua sobrevivência no comunismo moderno, tem não apenas um elemento utópico inerente, mas também um teor de violência anunciatória. Se há algo disso na revolta moderna dos jovens, assim como na revolta dos negros, não devemos imaginar que se possa limitar a esses grupos particulares. Parece que, em geral, combinamos uma percepção de decadência na sociedade — como se evidencia pelo conceito de alienação, que, impulsionado por um novo interesse no primeiro Marx, nunca gozou de maior estima — com um utopismo tecnológico. Em nossas maneiras de pensar o futuro, há contradições que, se quiséssemos considerar abertamente, poderiam exigir algum esforço de complementaridade. Mas, via de regra, elas têm raízes muito profundas. Seguimos pressupondo, assim como as pessoas sempre o fizeram, que existe um grau tolerável de concordância entre o apocalipse não confirmado e uma visão respeitosamente moderna da realidade e dos poderes mentais. Em suma, conservamos nossas ficções de época, de decadência e renovação, e satisfazemos de várias maneiras nosso ceticismo letrado quanto a estas e outras ficções semelhantes.

Existe um outro elemento da tradição apocalíptica a se considerar: a transição. Um minuto atrás, eu disse que uma das premissas mais prevalentes no apocalipticismo sofisticado era aquilo que Yeats chamou de "influxo multiforme e antitético" — as formas assumidas pelo giro impetuoso quando o velho chega a seu termo. Em essência, a dialética dos giros de Yeats é bem simples: eles são uma figura da coexistência do passado e do futuro no tempo da transição. O velho se estreita até o vértice, o novo se alarga rumo à base; assim, velho e novo se interpenetram. Onde o vértice e a base se encontram, temos uma era de transição muito rápida. Na verdade, na visão de Yeats sobre o ciclo histórico, houve momentos transitórios de perfeição, o que ele chamou de Unidade do Ser; mas não havia como torná-los duradouros, e sua filosofia da história é inteira transicional. Nisso, ele não tem muita originalidade, claro; mas sua ênfase no caráter tradicional de nosso próprio momento pré-apocalíptico — em contraste com aqueles primorosos pontos do tempo em que a vida era como a água entornando linda e instável por sobre a borda de uma fonte — parece, apesar de todo o hermetismo da expressão, caracteristicamente moderna.

É lugar-comum dizer que nossos tempos de fato sofrem um ritmo de mudança tecnológica e, consequentemente, de aumento da mobilidade social mais veloz que qualquer outra época antes de nós. Não há nada de fictício nisso, e suas implicações são claras em nossa vida cotidiana. O interessante, porém, é a maneira como esse conhecimento se relaciona com o apocalipse — de modo que uma simples figura celebratória da mobilidade social, como *On the Road*, adquire tons apocalípticos e estabelece a linguagem de um eleito — e também a maneira pela qual os escritores, isto é, os literatos, estão dispostos a concordar, argumentando que o ritmo da mudança implica revolução ou cisma, que essa é uma exigência perpétua e que o estágio da transição, assim como todo o tempo em uma revolução anterior, fez-se *infinito*.

Esta é a apoteose moderna do joaquinismo: a crença de que a própria época é transitória entre dois períodos principais se transforma na crença de que a própria transição se torna uma época, um *saeculum*. Tiramos os três anos e meio da Besta — que era o período joanino original, glosado por Joaquim — de todas as suas associações numéricas "primitivas" e ficamos com uma transição eterna, uma crise perpétua.

A crise é um jeito de pensar sobre o momento de cada um e não é inerente ao momento em si. A transição, assim como as outras fases apocalípticas, é, para repetir as palavras de Focillon, uma "agonia intemporal", é tão somente aquele aspecto da sucessão ao qual atentamos. A ficção da transição é nossa maneira de registrar a certeza de que o fim é imanente, e não iminente; reflete nossa falta de confiança nos fins, nossa suspeita quanto a repartir a história em épocas disto e daquilo. Nossa própria época é a época de nada positivo, apenas de transição. Como passamos de uma transição a outra, podemos supor que existimos sem nenhuma relação inteligível com o passado e nenhuma relação previsível com o futuro. Já aqueles que falam de uma ruptura nítida com o passado e de um novo começo para o futuro parecem um tanto antiquados. O porta-voz do transicionalismo nas artes é Harold Rosenberg,[5] que anuncia de forma expressa que a atual era de transição não tem fim e que, de algum modo, temos de compreender que o critério pelo qual decidimos receber a arte em nossa vida não pode derivar do passado, uma vez que qualquer critério desse tipo seria inaplicável. O desenvolvimento lógico da doutrina da transição perpétua é que o único critério pelo qual podemos decidir se um objeto significa alguma coisa para nós é sua novidade. Esta é a situação e, acredita Rosenberg, vem sendo assim há algum tempo: ele fala de uma "tradição" do Novo. Em vez de ser um ponto de equilíbrio entre duas eras, nossa transição é uma época por si só. A única permanência está no "influxo multiforme e antitético", que se torna, presumivelmente, "eterno na mutabilidade".

O Novo de Rosenberg não é, a meu ver, um critério útil; as formas da arte — sua linguagem — são, em sua natureza, uma contínua extensão ou modificação das convenções celebradas por criador e leitor, e isso vale até mesmo para artistas muito originais, desde que consigam comunicar algo. Consequentemente, a novidade nas artes ou é comunicação, ou é ruído. Se for ruído, não há mais nada a dizer a respeito. Se for comunicação, está inevitavelmente relacionada a algo mais antigo que si mesma. "O olho inocente não vê nada", o ouvido inocente não ouve nada. Esse é um resumo breve e talvez enganoso de um argumento que E. H. Gombrich expôs com grande clareza.[6] Se o menciono aqui é porque se trata de uma nuança indispensável a qualquer raciocínio que presuma que um modernismo possa ser totalmente cismático; e porque, no contexto imediato, é relevante para todo mito do transicionalismo moderno. Pois, quando falamos da transição como algo permanente, em certo sentido reduzimos o conceito a um mero ruído: só se pode compreendê-lo por intermédio de uma referência ao passado. O Novo de Rosenberg é o paradigma joaquimita da era das viagens à Lua. Sem dúvida, é muito sofisticado, mas não deixa de ser um mito. Os mitos operam no mundo; e esse mito do Novo tem implicações positivas sobre o funcionamento do modernismo tardio. É preciso encará-lo com alto grau de ceticismo letrado.

O mesmo acontece — e este é meu argumento — com todas as premissas gerais sobre crise e transição. Elas têm um aspecto paradigmático e podem ser estudadas com profundidade histórica. Podemos pensá-las como ficções, como algo útil. Se as tomarmos por qualquer coisa diferente do que são, estaremos cedendo ao irracionalismo, cometendo um erro ao qual a história intelectual de nosso século certamente deveria ter nos alertado. Sua expressão ideológica é o fascismo; sua consequência prática é a Solução Final. E sempre corremos o risco de cometer esse erro. Esse é o perigo sobre o qual eu gostaria de refletir agora em relação a duas fases do modernismo: a nossa e a de cinquenta e tantos anos atrás. É claro que se trata de uma distinção grosseira. Aquilo que, por conveniência, chamo aqui de modernismo tradicionalista tem suas raízes no período anterior à Grande Guerra, mas seu florescimento veio depois do modernismo antitradicionalista, que foi plantado por Apollinaire e colhido pelo Dada. Esse modernismo antitradicionalista é o pai de nosso modernismo cismático; mas em ambos os períodos as duas variedades coexistiram. Dito isso, falarei com mais liberdade do modernismo tradicionalista como sendo o mais antigo.

A primeira fase do modernismo — a qual, no que diz respeito à língua inglesa, associamos a Pound e Yeats, Wyndham Lewis, Eliot e Joyce — era bastante letrada e, em muitos aspectos, cética. Ainda assim, é sem muita dificuldade que conseguimos condenar a maioria desses autores por perigosos deslizes no pensamento mítico. Todos eram homens de temperamento crítico, que detestavam a decadência da época e os mitos da *mauvaise foi*.* Cada um à sua maneira, todos eles veneravam a tradição e tinham programas a um só tempo modernos e anticismáticos. Esse temperamento crítico era reconhecidamente moldado para parecer compatível com um forte anseio por renovação; o clima era escatológico, mas o ceticismo e um tradicionalismo refinado detinham aquilo que ameaçava ser um caso grave de primitivismo literário. Foi em outro lugar que os mitos se insurgiram.

* "Má-fé." [N. E.]

Voltemos mais uma vez a Yeats. No fundo, ele era cético quanto ao absurdo com que satisfazia o que podemos chamar de seu desejo por compromisso. De vez em quando, acreditava em parte disso, mas, por seu verdadeiro compromisso ser com a poesia, ele tomava suas ficções como heurísticas e dispensáveis, "conscientemente falsas". "Elas me dão metáforas para a poesia", observou. Os bonecos e os amuletos, as espadas e os sistemas eram as ferramentas de um operacionalista. Yeats sempre cuidou para que aquilo que fazia sentido para ele em termos de sistema também fizesse sentido para as outras pessoas que compartilhavam com ele não aquele arbitrário sistema cifrado, mas a linguagem tradicional da poesia. Desse modo, ele conseguia, pelo menos às vezes, ter o melhor de dois mundos. A besta bruta do apocalíptico "A segunda vinda" e o falcão rodopiante do mesmo poema têm significado no sistema, mas, para o leitor não instruído, continuam a significar algo em termos de um sistema mais amplo de convenções culturais e linguísticas — códigos de informação dos quais depende a literatura e qualquer outro método de comunicação. O mesmo se passa com as obras teatrais posteriores, que a crítica analítica nos diz que são muito sistemáticas, mas que o próprio Yeats declarou que deviam ocultar sua substância esotérica e soar como canções antigas. O mesmo acontece também com os poemas bizantinos e as Supernatural Songs [Canções sobrenaturais]. Até um poema como "The Statues" [As estátuas] — que traz ideias que só podem parecer inexplicavelmente estranhas a alguém que nada saiba sobre as opiniões históricas e artísticas de Yeats — encontra lugar em nossa mente não como um texto que codifica informações fornecidas de forma mais explícita em *On the Boiler* [Na caldeira], mas como algo que, em certa medida, nossa leitura dos outros poemas e a persona do velho louco podem justificar.

Yeats, em uma frase famosa que às vezes flutuou para fora de seu contexto, disse que o Sistema lhe permitia manter realidade e justiça juntas no mesmo pensamento. A realidade é, nessa expressão, o sentido que temos de um mundo irredutível ao enredo humano e ao desejo humano por ordem; justiça é a ordem humana que encontramos ou lhe tentamos impor. O Sistema é, de fato, todo Justiça; em combinação com um senso de realidade com que nada tem a ver, fez-se constituinte dos poemas. O Sistema é um enredo, uma projeção puramente humana, embora não mais humana que sua aparente antítese, a realidade, que é uma imaginação humana do desumano. Por um momento, Yeats se viu como um imperador que dispensa equidade e transcende tanto o fato quanto o padrão: é o que os poetas fazem. Raras vezes ele se esqueceu de que tudo o que se dedica à justiça, às custas da realidade, é, em última instância, autodestrutivo. E chegou a falar sobre as diferenças entre os significados simbólicos da poesia e aquelas "mímicas emocionais e inquietas da superfície da vida" que para ele eram as características do "realismo popular". Mas entendeu muito bem a necessidade desse "elemento moral na poesia" que é "o meio pelo qual" ela é "aceita na ordem social e se torna parte da vida". Yeats compreende a tensão entre uma ordem paradigmática, em que o preço de uma eternidade formal é a desumanidade, e o mundo das gerações. Esse é o tema de "Velejando para Bizâncio", o poema que citei no início destas palestras. Ele voltou a falar sobre essa tensão em um de seus últimos poemas, quando distinguiu entre "atores e palcos pintados" — a justiça dos poemas formais — e "o imundo bazar do coração" — a sujeira e a desordem humanas que lhes subjazem. Toda a história do estilo de Yeats, que desde os primórdios, antes da virada do século, ele tentava empurrar para a incerteza coloquial, reflete essa atenção à realidade que não se deixa reduzir. No fim, esse modernismo assumiu as cores características da violência, da fala vulgar e da rispidez sexual para representar aquilo que Yeats entendia como uma realidade moderna. Em seu *The Oxford Book of Modern Verse* [O livro de Oxford do verso moderno], ele invejou a facilidade com que outros poetas conseguiam ser modernos e por isso os supervalorizou, talvez sem perceber que eles dispensavam muito prontamente a justiça.

Em suma, pode-se dizer que esse poeta se esforçou para falar em termos de uma realidade moderna, para salvar os fenômenos, sem abrir mão do paradigma. Ele nem sempre teve êxito: sem dúvida estamos perdendo a capacidade de nos encantar com a arenga paradigmática de poemas como "Under Ben Bulben" [Sob o Ben Bulben]. O que nos interessa, muitas vezes, é o esforço em si. Yeats estava profundamente comprometido com sua ideia de alienação, e sua saída consciente para os problemas que ela colocava foi um recuo ao mito e aos rituais do oculto; de um lado estavam os lógicos de butique, de outro, as formas sedutoras e diversas da irracionalidade. No final, o que o salvou foi uma confiança basilar em toda a tradição europeia, uma confiança na linguagem comum, o vernáculo por meio do qual lidamos, dia a dia, com uma realidade que contrasta com a justiça. Tudo depende de um poder

> *To compound the imagination's Latin with*
> *The lingua franca et jocundissima.**

Da mesma maneira, Yeats, embora acolhesse as ficções do apocalipse, decadência, renovação, transição, viu a necessidade de combiná-las com a língua franca da realidade. Essa composição ocorre na poesia. Mas fora da poesia a coisa é diferente,

---

* Em tradução livre: "Para compor o latim da imaginação com/ A língua franca *et jocundissima*". Wallace Stevens, "Notes Toward a Supreme Fiction". [N.T.]

e aqui nos deparamos com uma falha crítica dos primórdios do modernismo. Yeats escreveu muito sobre os Últimos Dias como os imaginava: os aristocráticos cavaleiros irlandeses todos fiéis e verdadeiros, o fim de uma época destroçada e odiosa, o início de outra época, aristocrática, honrosa e eugênica. Na poesia, tudo isso vai bem, entra na mistura de nossas cabeças, que ficam mais ricas com os novos ingredientes: "A Bronze Head" [Uma cabeça de bronze] amplia a imagem pela qual representamos para nós mesmos "este mundo sujo em declínio e queda" e os terrores são outra vez iluminados pela visão das filhas de Herodias e daquele demônio insolente, Robert Artisson. Fora da poesia, a situação é outra. Yeats era entusiasta do fascismo italiano e apoiou um movimento fascista irlandês. O aspecto mais terrível do pensamento apocalíptico é sua certeza de que deva haver uma carnificina universal, e Yeats a aclamou com algo da paixão que acompanha o raciocínio de homens mais perigosos, porque mais práticos. "Manda a guerra a nosso tempo, ó Senhor." Pouco depois, as cidades ficaram arrasadas e começou o grande experimento de eugenia em massa. Os sonhos de apocalipse, quando usurpam o pensamento da vigília, podem ser os piores sonhos.

Como poeta, em seus melhores momentos, Yeats foi imune ao encanto desse sonho. Como pensador, fora da poesia, não. O único motivo pelo qual isso não tem mais importância é que ele não exerceu nenhuma influência sobre aqueles que poderiam ter submetido suas crenças a um teste operacional. Os pensamentos dos poetas podem se submeter a esse teste. É verdade que as especulações de Yeats em torno do oculto são, em última análise, uma máscara para um sistema de estética; no entanto, como Dewey observou certa vez, "até mesmo os sistemas estéticos podem gerar uma disposição para o mundo e surtir efeito".[7] Yeats é nosso primeiro exemplo dessa correlação entre os primórdios da literatura modernista e a política autoritária, algo mais percebido que explicado: teorias totalitárias da forma combinadas ou refletidas pela política totalitária. Outro caso célebre dessa correlação é Ezra Pound. Não posso dizer muito sobre esse caso complexo e desconcertante, claro, mas Pound parece ser exemplo de um poeta que não consegue ver que uma regressão poética aos paradigmas de justiça pode se realizar sem que se perca contato com a língua franca, ao passo que qualquer regressão política semelhante envolve horror e aviltamento incomensuráveis, além da perda da realidade. Romper a configuração de uma linguagem poética insuficiente, destruir os laços que atam a poesia a uma lógica desacreditada: tais tarefas podem exigir novas ficções tão severas e desafiadoras quanto o pseudoideograma de Pound. Trata-se de um redirecionamento radical da poesia, uma tentativa de proporcionar, nos Últimos Dias, uma linguagem de renovação. Se esse redirecionamento foi bem executado, com autoconsistência o bastante para atingir o que era necessário, a transmissão de informações via códigos acessíveis ao leitor apenas por meios especulativos, essa é uma questão sobre a qual não há consenso. Mas, exitosa ou não, a tentativa jamais poderia ser chamada de errada ou perigosa em qualquer sentido comum das palavras. O que é errado e perigoso, nesse sentido, é a crença de que as ficções devam ser justificadas ou verificadas por seus efeitos práticos — crença que o fascismo, de bom grado, aprendeu com os pragmáticos inocentes. Assim, muda-se o mundo para conformá-lo a uma ficção, como no caso do morticínio de judeus. O efeito é insultar a realidade e regredir ao mito. Nos movimentos apocalípticos medievais, era comum identificar os judeus como as hostes demoníacas das profecias[8] (quase a mesma coisa acontecera tempos antes com os cristãos no Norte da África e pode acontecer a qualquer minoria estrangeira de hábitos um tanto misteriosos). A destruição das hostes demoníacas deve preceder benefícios escatológicos mais positivos. O antissemitismo de um poeta, a eugenia de um poeta, podem, portanto, conectá-lo não apenas ao pragmatismo degradado dos homens que ele deveria desprezar, mas a um primitivismo bruto do tipo que ele nunca consideraria conscientemente relevante para sua própria e mais refinada regressão. As falas de Pound no rádio sem dúvida eram obra de um homem que perdera um bom tanto de seu senso de realidade; mas, acima de tudo, representaram um fracasso daquilo que chamei de ceticismo letrado e um gesto que, em vez de renovar, traía a tradição que, como se presume, está sob a ameaça de aniquilamento por parte da política, da economia e da linguagem corruptas.

Encontramos aqui, nos primórdios do modernismo, um indício da verdadeira traição dos literatos. Sua existência é posteriormente sugerida por Wyndham Lewis. Ele pintou uma teoria de que o melhor para a arte era a sociedade fechada da "abstração" — uma sociedade anticinemática e anti-humanista de hierarquia rígida, governada pelo medo — muito parecida com a ficção de Worringer. Daí seu culto à morte, seu ódio a tudo o que chamava de "bergsoniano" ou vitalista, a qualquer coisa que sugerisse, como a teoria da relatividade, por exemplo, um inalienável grau de independência mesmo nas mentes dos "peões", ou *Untermenschen*. Os peões, de acordo com o mensageiro celestial do apocalíptico *Childermass*, são apenas "a multidão de personalidades que Deus, havendo criado, é incapaz de destruir". Sexo, tempo, pensamento liberal, todos são inimigos da rigidez paradigmática — e até Pound e Joyce estavam em seu poder. As próprias ideias de Lewis ficam obscurecidas sob polêmicas diversas e esfumaçadas por acessos de boa índole, mas ele com certeza era antifeminista, antissemita, antidemocrático e tinha visões ambivalentes sobre cor de pele. T.S. Eliot, no prefácio que escreveu para um relançamento de *One-Way Song* [Canção de mão única], em 1955, diz que "os intelectuais menos respeitáveis vociferam o grito de 'fascista!'" — um termo falsamente aplicado a Lewis, mas lançado pelos *Massenmenschen* contra alguns que, a exemplo de Lewis, caminham sozinhos". Mas isso, deve-se dizer, é característico da tendência à evasão que até pouco tempo atrás acompanhava o debate sobre esse aspecto do modernismo — Conor Cruise O'Brien recentemente fez uma crítica severa a esse respeito em um estudo sobre Yeats. Em 1929, Eliot disse que Lewis se inclinava "na direção de algum tipo de fascismo" e, em 1926, o próprio Lewis dissera quase a mesma coisa. Ele escreveu um livro em louvor a Hitler e via no nazismo um sistema favorável à "aristocracia do intelecto". Depois mudou essas opiniões e, de qualquer modo, não me cabe condená-las aqui. É suficiente dizer que o pensamento radical dos primeiros modernistas sobre as artes implicava, em outras esferas, opiniões de um tipo que em geralmente não se associa à palavra radical.

Parece, de fato, que o radicalismo modernista na arte — quebrar pseudotradições, reconstruir uma verdadeira compreensão da natureza dos elementos da arte — envolve a criação de ficções que podem ser perigosas nas atitudes que geram para o mundo. Existe, por exemplo, a fantasia de um eleito que porá fim à hegemonia do burguês ou do *Massenmensch*, que acabará com a democracia e todas as atitudes "bergsonianas" em relação ao tempo ou à psicologia humana, com toda a desordem que constitui a visão moderna da realidade. No lugar de tudo isso, deverá haver ordem como o artista modernista a entende: rígida e fora do fluxo, a ordem espacial da crítica moderna ou da sociedade autoritária fechada. Essa sociedade, disseram-nos em 1940, com todas as raças inferiores, todos os *Untermenschen* extintos, perduraria por mil anos. Todos os que nas décadas de 1930 e 1940 formaram suas ideias sobre os grandes modernos, mas passaram seus bons anos combatendo o fascismo, devem entender esse paradoxo como algo que precisa ser resolvido. As ficções escatológicas do modernismo são inocentes enquanto maneiras de reordenar o passado e o presente da arte e orientar seu futuro:

> *Plato thought nature but a spume that plays*
> *Upon a ghostly paradigm of things.**

Mas uma coisa é tirar toda a espuma natural de cima desse paradigma na poesia ou na teoria da poesia, e outra é quando os estorvos podem ser removidos, a espuma para sempre dissipada, por uma polícia e uma burocracia civil a serviço dessa solução final.

Já está na moda diminuir Eliot, chamá-lo de imitador, de mero eco de Pound e assim por diante. Ainda assim, se alguém quisesse entender o apocalipse dos primórdios do modernismo em sua verdadeira complexidade, seria Eliot, imagino, quem exigiria a maior atenção. Ele estava disposto a reescrever a história de tudo o que lhe interessava para que o passado e o presente se harmonizassem; era um poeta do apocalipse, dos últimos dias e da renovação, da destruição da cidade terrena como castigo à soberba humana, mas também era um poeta do império. Tradição, palavra que associamos especialmente a esse modernista, é para ele a continuidade dos substratos imperiais — daí a importância de Virgílio e Dante em seu pensamento. Ele enxergava sua época como uma longa transição pela qual os eleitos deviam viver, redimindo o tempo. Ele também tinha suas hostes demoníacas: a palavra "judeu" se manteve em letra minúscula [contrariando a regra da língua inglesa] em todas as publicações de seus poemas até a última lançada em vida,

---

* Em tradução livre: "Platão pensava que a natureza não era nada além de uma espuma que brinca/ sobre um paradigma fantasmagórico das coisas". William Butler Yeats, "Among School Children". [N. T.]

a edição de seu septuagésimo quinto aniversário, em 1963. Eliot tinha uma persistente nostalgia por sociedades hierárquicas, fechadas e imóveis. Se a tradição é, como ele disse em *After Strange Gods* — embora a obra tenha sido suprimida —, "as ações habituais, os hábitos e os costumes" que representam o parentesco "do mesmo povo que vive no mesmo lugar", fica claro que os judeus não têm nada disso, mas também que quase ninguém tem nos dias de hoje. Trata-se de uma ficção, ficção prima-irmã de um mito que surtiu efeito sobre políticas mais práticas. Para atenuar as coisas, talvez se possa dizer que esses escritores sentiram, como Sartre sentiria mais tarde, que, na escolha entre o Terror e a Escravidão, escolhemos o Terror, "não por si mesmo, mas porque, nesta era de fluxos, é ele que atende às exigências próprias da estética da Arte".[9]

As ficções da literatura modernista eram novas e revolucionárias, embora afirmassem uma relação de complementaridade com o passado. Essas ficções, creio que já ficou claro, estavam relacionadas a outras, o que ajudou a moldar a desastrosa história de nossos tempos. As ficções, sobretudo a ficção de apocalipse, se transformam com facilidade em mitos; as pessoas vão viver por aquilo que foi concebido apenas para saber. Lawrence seria o escritor a se discutir aqui, se houvesse tempo: o apocalipse opera em *Mulheres apaixonadas*, e talvez até mesmo em *O amante de Lady Chatterley*, mas não em *Apocalipse*, que é um mito fracassado. É difícil restaurar o status fictício daquilo que se tornou mítico; suponho que seja sobre isso que Saul Bellow está falando em seus ataques ao *wastelandism*, a ladainha da alienação. Ao nos referirmos aos grandes homens dos primórdios do modernismo, temos de fazer distinções muito sutis entre a obra em si, na qual as ficções são devidamente empregadas, e o *obiter dicta*, no qual não são, quer sejam mitos ou perigosas afirmações pragmáticas. Quando as ficções são assim transformadas, há não apenas perigo, mas também um vazamento, por assim dizer, da realidade; e o que às vezes sentimos a respeito de todos esses homens talvez seja que eles se retiraram para algum paradigma, para um vácuo irreal e atemporal de onde toda a realidade fora extraída. Joyce, que era realista, foi objeto tanto dos aplausos de Eliot, por ter modernizado o mito, quanto dos ataques de Lewis, por ter se ocupado da barafunda, das desordens da percepção comum. Mas, dessas grandes obras, apenas *Ulysses* estuda e desenvolve a tensão entre paradigma e realidade, afirma a resistência do fato ante a ficção, da liberdade e do imprevisível do gesto humano ante o enredo. Joyce escolhe um Dia — é uma crise tratada ironicamente. O dia está cheio de aleatoriedade. Existem coincidências, encontros que têm algum motivo e outros que não têm. Podemos indagar se um dos méritos do livro não seria sua *falta* de mitologização. Podemos também comparar as coincidências de Joyce com o solene mito-concórdia dos junguianos, o Princípio da Sincronicidade. De Joyce, não conseguimos extrair nem mesmo um mito de Concórdia Negativa: ele nos mostra a ficção se ajustando a tudo que toca. E Joyce, que sobre isso provavelmente sabia mais que qualquer um dos outros, não se deixou seduzir pelas oportunidades intelectuais nem pela elegância formal do fascismo.

Prometi, no início desta palestra, tentar algo na linha de uma distinção entre os modernismos. Tudo o que farei agora é apontar certas diferenças entre esse primeiro tipo e alguns modos de pensamento radical nas artes que se observam em nossa época. Não conseguirei me referir a vastas áreas de informação e opinião altamente relevantes. De qualquer maneira, o argumento que estou tentando apresentar é limitado; espero que o confronto parcial dos anos 1920 com os anos 1960 consiga demonstrá-lo. Depois de quarenta anos, as pressões escatológicas não diminuíram, por certo. Apocalipse é uma palavra da moda. Transição, decadência e renovação talvez tenham se tornado os aspectos dominantes do apocalipse para as artes, diferente da política; e, em consequência, todos nós fomos ficando cada vez mais interessados nas possibilidades de uma ruptura com o passado, de pensarmos o presente em relação ao fim sem cálculos baseados na história. Para dizer de outra maneira, o cismático ganhou poder. O primeiro modernismo, pelo menos do tipo de que falei, punha ênfase na sua relação viva com o passado. A transição agora se encontra elevada ao status secular, como já disse. As artes decerto parecem estar, nas palavras de Yeats, multiformes e antitéticas. Sob determinado aspecto, a sucessão de estilos, já o disse Wyndham Lewis, pode ser vista como um inútil mimetismo da tecnologia. Não faltam evidências de que se trata de um estado de coisas difícil para os críticos trabalharem: o Novo não é um conceito crítico trabalhável para quem não desiste da esperança de que haja outras indicações de valor para além da novidade — e este é apenas um sintoma dos embaraços experimentados por quem pensa que é errado falar de coisas novas com uma linguagem antiga. Que seja difícil falar sobre o novo modernismo é um sinal de que existe uma lacuna entre os eleitos e os demais, e este é apenas mais um de seus aspectos apocalípticos. Na verdade, o que distingue o modernismo novo do antigo com mais nitidez, nesse contexto, não é que um seja mais apocalíptico que o outro, mas que cada um tenha atitudes muito diferentes em relação ao passado. Para o modernismo mais antigo, é uma fonte de ordem; para o mais recente, é o que se deve ignorar.

 Aqui valeria dizer algumas palavras sobre Beckett como um elo entre os dois estágios e uma ilustração do deslocamento rumo ao cisma. Ele escreveu para a *transition*, uma revista apocalíptica (renovação a partir da decadência, um traço joaquimita logo no título), e, muitas vezes, mostrou um gosto pelas variações apocalípticas — a mais engraçada das quais é o milenarismo frustrado da família Lynch em *Watt* e a mais eloquente, talvez, a conclusão de *Como é*. Ele é o teólogo perverso de um mundo que sofreu uma Queda, que experimentou uma Encarnação que muda todas as relações de passado, presente e futuro, mas que não será redimido. O tempo é uma transição sem fim de um estado de miséria a outro, "uma paixão sem forma nem estações", que não pode ser encerrada por nenhuma *parousia*. É um mundo que clama por formas e estações — e por apocalipse. Mas só o que consegue é temporalidade vã, influxo antitético, louco, multiforme.

Seria errado pensar que as negativas de Beckett são uma negação do paradigma em favor da realidade em toda a sua pobreza. Em Proust, que Beckett tanto admira, a ordem, as formas da paixão todas derivam do último livro: elas são positivas. Em Beckett, os signos da ordem e da forma são apresentados de maneira mais ou menos contínua, mas sempre com um sinal de cancelamento: são recursos nos quais não se pode acreditar, cheques sem fundo. A ordem, o paradigma cristão, ele sugere, não é mais utilizável, exceto como ironia; é por isso que os Rooney caem na gargalhada quando leem no cartaz da igreja que o Senhor amparará todos os que caem.

Mas é claro que, por mais ironizada que seja, é essa ordem, essa ideia de ordem transmitida em continuidade, que sustenta o argumento de Beckett e confere a seus livros as características estruturais e linguísticas que nos permitem lhes dar sentido. Em seu progresso, ele presumiu que nossa familiaridade com seus hábitos de linguagem e estrutura deixaria a relação entre as formas ocultas e a superfície narrativa cada vez mais tênue; em *Como é*, ele mimetiza um colapso quase cismático dessa relação e de sua linguagem. É perfeitamente possível chegar a um ponto ao longo dessa linha onde nada seja comunicado, mas é claro que Beckett ainda tem muito caminho a percorrer. E o que preserva a inteligibilidade é o que evita o cisma.

Acredito que este seja um ponto a ser lembrado sempre que se pense na escrita nova e avant-garde ao extremo. O cisma não tem sentido quando não se refere a alguma condição anterior: o Novo absoluto é simplesmente ininteligível, até mesmo como novidade. É claro que se pode perguntar: ininteligível para quem? A inferência é que apenas um público minoritário, talvez muito pequeno — membros de um círculo dentro de um mundo quadrado —, entenda os termos nos quais fala a coisa nova. Sem dúvida, o público minoritário é uma característica reconhecida da literatura moderna. E por certo as condições são tais que pode haver muitas pequenas minorias em vez de uma grande, o que já é cismático por si só. A história da literatura europeia, desde a época em que o latim da imaginação se acomodou à língua franca, é, pelo menos em parte, a história da educação de um público — um público cultivado, mas não necessariamente culto, como diz Auerbach, composto daquilo que ele chama de *la cour et la ville*. Só seria surpreendente que esse público se dividisse em escolas especializadas e que sua linguagem ficasse cada vez mais acadêmica se pensássemos que a existência de excelentes meios de comunicação mecânicos implica excelentes comunicações — e sabemos que não é bem assim, por mais que McLuhan diga que "o meio é a mensagem". Mas ainda é fato que a novidade por si mesma implica a existência daquilo que não é novo, a existência de um passado. Quanto menor o círculo e mais ambiciosos seus esquemas de renovação, menos útil, no geral, será seu passado. E mais curto. Voltarei a esses temas em instantes.

Muitos tipos diferentes de escrita são chamados de avant-garde, embora a própria expressão tenha praticamente desaparecido do vocabulário dos escritores, que tendem a pensar, ou fingem pensar, que ela conota um período histórico da literatura, tanto quanto a expressão "moderno" se reduziu a um conceito periódico. Quanto mais avant-garde é um escritor, menos ele pode se dar ao luxo de ser chamado de avant-garde. No entanto, todos temos uma vaga noção do que o termo significa naquilo que diz respeito aos experimentos atuais. A obra de William Burroughs, por exemplo, é avant-garde. Sua literatura é a do retraimento e seus intérpretes falam de seu ódio à vida, de seu niilismo sujo, da maneira como tratam o corpo feito um cadáver repleto de anseios. A linguagem de seus livros é a linguagem de um mundo perto do fim, seu objetivo, como diz Ihab Hassan, é a "autoabolição".[10] *Almoço nu* é uma espécie de mixórdia sem desenho formal, unificada apenas pela persistência em suas fantasias satíricas de ultraje e obscenidade. Mais tarde, Burroughs buscou uma estrutura de autoabolição e tentou derrotar nossos códigos de continuidade — cultural e temporal — embaralhando sua prosa em ordem aleatória. "Até que a técnica de recorte, ou método do *cut-up*, se tornasse explícita", diz ele, "os escritores não tinham como produzir o acidente da espontaneidade." Mas parece que, na lógica da situação, só consideraremos tais acidentes felizes quando virmos neles alguma referência, seja direta ou irônica, às nossas noções herdadas de estrutura linguística e narrativa. E não me surpreende que Hassan, notável intérprete de Burroughs, julgue o método bem-sucedido apenas quando está claro que, longe de soarem aleatórias, as colocações pareçam ter sido planejadas com habilidade. O relato de Hassan sobre Burroughs é totalmente apocalíptico e sempre mostra uma consciência de que esse traço, em si mesmo, pressupõe um passado significativo. Se Burroughs é um sátiro — e ele é —, então também pressupõe um passado alterado de modo significativo. E o crítico termina com uma palavra perspicaz sobre as associações históricas entre utopismo e niilismo: "negligenciar essa história", diz ele, "é fatídico neste momento de nossa crise". Vindo de um crítico tão fortemente convencido da necessidade de adaptar a crítica às novas demandas de uma literatura que proclama sua total alienação, parece-me um comentário muito importante. Talvez nossas pressuposições quanto à ordem, no mundo e nos livros, possam ser radicalmente alteradas — McLuhan é quem poderia dizê-lo. Mas o ato de escrever ficções continua implicando um público de certo tipo, um público que não consegue visualizar as condições que se estabeleceriam após seu próprio desaparecimento. Nossa experiência nas artes sugere que a toada de Sartre em *A náusea* comunica uma mensagem verdadeira, embora entediante: *Il faut souffrir en mesure* [é preciso sofrer em compasso]. *Mesure* é ritmo, e ritmo implica continuidades, fins e organização.

Em algum lugar, então, a linguagem avant-garde precisa sempre regressar ao vernáculo. E a aleatoriedade, tão valorizada nos dias de hoje, assim se reconcilia com o artifício. Semanas atrás, li um poema de Emmett Williams que devia consistir em uns 5 mil versos, todos começando com "O novo jeito...". Por exemplo: "O novo jeito como a serra corta" ou "O novo jeito como o refrigerante estoura".[11] Cada uma dessas sentenças se fazia acompanhar pela projeção de um filme e um som gravado, os três sobrepostos em ordem aleatória. Quando pediram para o poeta fazer uma seleção dos versos para publicá-los, ele o fez ao acaso; mas descobriu que as sentenças escolhidas tinham "adquirido, inesperadamente, um começo e um fim". Então, ele diz, "eu destruí o resto". (O *eu*, deve-se notar, vem em letra minúscula [contrariando a regra da língua inglesa], um índice da trivialidade da escrita avant-garde. De que se trata? Um gesto patético rumo à tão desejada falta de letramento? Se for verdade, é um modernismo tradicional. Uma rejeição ao egotismo das letras maiúsculas dos *salauds*? O tema talvez valha uma tese.)

Os versos de Williams apareceram em um dos dois péssimos números que o *Times Literary Supplement* dedicou à avant--garde cerca de um ano atrás. A publicação também trazia um ensaio de Allen Ginsberg que mostrava, com bastante clareza, que, para o poeta — tão admirado pelos jovens e, mesmo assim, figura tão tradicionalista à sua maneira —, a linguagem certa para descrições gerais do esforço *avant-gardist* seria uma linguagem antiquada: ele fala da reação do artista a estímulos modernos insuportáveis, "a expressão na Arte do grito ou do choro ou da súplica, a EXPRESSÃO [...] desse Ser infinito — que ainda se sente através da nuvem de poluição dos moinhos de guerra Blakeansatânicos etc.". "Blakeansatânico" é uma não invenção da mesma ordem que o *eu* em letra minúscula. "Cometeu-se", escreve Ginsberg, "um ultraje aos meus sentimentos do qual nunca me recuperei." A ênfase está na dor pessoal como algo original a um ato de criação que, nesse estágio do argumento, não foi discutido. Mesmo nas contribuições que enfatizavam o avanço técnico, a abolição das formas falsas do passado, o novo começo, o tom em geral era de diferença exaltada, de pertença — para usar as palavras que tomei de empréstimo de um colaborador destas palestras — a um círculo dentro de um mundo quadrado. A fala técnica é mais um indício da fragmentação da linguagem tradicional da crítica e da estética em dialetos privados que se destacam mais por uma redução que por um aumento de poder e escopo. O descuido com o passado facilita o início desses movimentos; há uma analogia com a história da heresia, na qual fanáticos muitas vezes reinventam doutrinas de seitas anteriores sem sabê-lo. A coleção do *T.L.S.* trazia ainda um ensaio interessante de Raoul Haussmann argumentando que muito do neodadaísmo, como ele o chama, é meramente dadaísmo com a Arte deixada de fora. Pode parecer estranho, se lembrarmos que Tzara conclamava pela abolição, pela espontaneidade em um mundo cambaleante, com todos dançando ao ritmo de "seu *boom-boom* pessoal", pela liberdade, pelo "salto elegante e sem preconceitos". Haussmann vê que a Arte, algo antigo, animava esse movimento. Os homens novos reinventaram o Happening, por exemplo, e os letristas reivindicam novidade para algo que mal era novo nos anos 1920 — e nem o fazem muito bem. Mas não se pode esperar que movimentos cismáticos se preocupem com a continuidade e o passado: quanto mais cismáticos são, menos sabem das possibilidades do novo. Os primeiros modernistas podem ter aprendido algo com o Dada antes que o movimento cedesse lugar ao surrealismo, menos cismático; eles compartilhavam com o Dada certo anti-intelectualismo e um poderoso sentido de apocalipse. Mas eram intelectuais e homens-espaço, não homens-tempo com um interesse especial pelo momento caótico. Na visão de Eliot sobre a literatura, por exemplo, a novidade é um fenômeno que afeta todo o passado: nada pode ser novo por si só. É isso que distingue seu modernismo do vanguardismo. Voltando por um momento ao *T.L.S.*, havia ali um ensaio que teve o ceticismo letrado necessário para observar que o que é meramente cismático tem grandes chances de se tornar obsoleto — de atrair para si mesmo o destino que considera o mais vergonhoso. A surpresa é a menos duradoura das respostas estéticas. Jonathan Miller, nesse artigo, argumentou que temos de aprender que o primeiro modernismo descobriu quase todas as categorias possíveis, de modo que a surpresa não existe mais, exceto pela abolição da história das surpresas. O que não significa que não se possa fazer nada de novo: há redescobertas, reavaliações frutíferas — e, no uso atual de Sade e Artaud, temos um exemplo de ambas, um novo uso para o passado. Acho que o argumento de Miller está certo: "A antecipação do público em geral agora é tão abrangente que até mesmo para eles a avant-garde parece ter devorado seus próprios limites e se dissolvido no ar". Há um inescapável elemento de convenção na obra e também no estilo de vida que vem com ela. Há um elemento de convenção no clima dominante de crise e apocalipse. A novidade se torna a inflação da trivialidade; o apocalipse é sinalizado por jogos triviais, quase sempre não originais. O renovacionismo milenar declina para um influxo multiforme e antitético: há mais ruído que informação. Quando o resultado chega aos olhos letrados de Jonathan Miller ou aos olhos desiludidos de um velho cismático como Haussmann, vê-se que ou se conforma com os tipos existentes, ou afunda na trivialidade não comunicativa.

Marx certa vez disse que "a consciência do passado pesa feito um pesadelo no cérebro dos vivos", e é desse pesadelo que os apocaliptistas modernos querem despertar. Mas o pesadelo faz parte de nossa condição, é parte de seu material. Uma geração o confrontou na postura do tradicionalista autoritário; outra prefere a do anarquista *hipster*. A primeira, por motivos que já tentei apresentar, era mais afeita à tarefa de torná-lo novo. Pode-se reforçar o contraste entre elas comparando retóricas típicas ou atitudes em relação ao tempo e à mudança. Para Lewis, a arte dos Beats e a arte *hipster* seriam bergsonianas. Certa vez, ele escreveu que um famoso romance contemporâneo era uma "pastelaria barata e empanturrada de pieguice sádica", uma obra de "sentimentalismo viscoso e enjoativo". Ele estava falando de Proust, não de *Um sonho americano* nem de *On the Road* (para citar um livro bom e outro ruim). Imaginem Lewis falando sobre o culto ao orgasmo ou Allen Ginsberg. O "filósofo do olho" teria encontrado palavras ainda mais duras para os filósofos dos outros órgãos.

Sem dúvida, exagerei as diferenças entre os dois modernismos. Há uma continuidade entre eles, uma continuidade de crise; o que os distingue de maneira geral é que o modernismo mais velho, dentro de uma tradição antiga, recriava ou reescrevia seu passado, ao passo que o mais recente tem um traço niilista, cismático. Não é diferente do contraste entre uma igreja como a anglicana, que professa o distinguir das tradições, e as seitas extremistas, como os anabatistas. Mas havia cismáticos contemporâneos ao primeiro modernismo — e Lewis já os achava excessivos. Como já disse, ele certamente teria associado alguns modernos aos homens tempo-e-fluxo representados pelo meirinho em *The Childermass*. Ele atacou de imediato a figura do "White Negro" e, no personagem de Kreisler no romance *Tarr*,[12] desferiu um golpe proléptico no "niilismo melodramático" dos modernistas posteriores. Mas creio que exista, entre os dois modernismos, a distinção geral que tracei. Cada qual reage a uma "situação transicional dolorosa", mas um o faz em termos de continuidade e o outro, em termos de cisma. Os assuntos comuns são a transição e a ansiedade escatológica; mas um reconstrói e o outro elimina, um recria e o outro destrói o passado indispensável e relevante.

Falar com franqueza sobre essas questões é correr o risco de ouvir que simplesmente já não somos jovens nem espertos o bastante para compreender as coisas extraordinárias que estão acontecendo. Se o que está acontecendo não é uma continuação, mas sim uma mutação, tudo o que tenho dito aqui está totalmente errado. Todas estas palestras talvez sejam um desperdício de papel dedicado à noção obsoleta de que existe uma ordem humanamente necessária que chamamos de forma. Essa noção foi objeto de um extenso ataque do antiformalista filosófico Morse Peckham, para quem a arte é tão somente aquilo que ocorre em local e circunstância apropriados a certo tipo de atenção. Mas por que prestamos atenção? Não porque, ao fazê-lo, podemos projetar nossa própria ordem sobre qualquer coisa, mas porque algumas coisas são desenhadas — em colaboração mais ou menos próxima entre o produtor e o consumidor — para acomodar, confirmar e estender essa ordem. Aqui se vê toda uma diferença entre Schönberg e a música aleatória, entre a ordem translógica de *A terra devastada* e as colocações aleatórias de Emmett Williams, entre o romance cubista de Ford e os experimentos de *cut-up* e *fold-in*. Por mais radicais que sejam as alterações dos procedimentos tradicionais implícitas nos primeiros, elas são extensões, em um sentido reconhecível, de uma linguagem compartilhada. Os demais só têm êxito na medida em que também o são — e quando tentam não ser, fracassam com mais frequência.

Feitas essas distinções, resta afirmar também a continuidade das posturas apocalípticas. Em um mundo visto como algo que não tem a forma que um fim implicaria, essa continuidade pode parecer absurda; mas a verdade é que foi assim nomeada e por isso altamente valorizada. O apocalipse faz parte do Absurdo moderno. E este é testemunho de sua vitalidade, uma vitalidade que depende de sua veracidade para com o conjunto de nossos medos e desejos. Reconhecido e condicionado pelo ceticismo dos literatos, é — mesmo quando ironizado, mesmo quando negado — um elemento essencial nas artes, traço permanente de uma literatura de crise permanente. Quando se torna mito, quando se esquece de seu passado, mergulhamos rápido no mito, no estereótipo. Precisamos empregar nosso conhecimento do fictício. Com ele, podemos explicar o que é essencial e excêntrico no primeiro modernismo e eliminar o trivial e estereotipado das artes de nosso tempo. Grandes homens se enganaram ao negligenciar essa tarefa; outros homens, mais tarde, têm um programa que se opõe a realizá-la. Os críticos precisam conhecer seu dever.

Parte desse dever, sem dúvida, será abandonar modos de dizer que, por um lado, obscurecem a verdadeira natureza de nossas ficções — confundindo-as com mitos, tornando espacial o que é essencialmente temporal — e, por outro lado, perturbam nosso senso de realidade, sugerindo que as ficções representem algum tipo de renúncia ou falso consolo. A questão crítica, dada a premissa de crise perpétua, é nada menos que a justificação de ideias de ordem. É preciso justificá-las em termos do que sobrevive e também em termos do que podemos aceitar como válido em um mundo diferente daquele de onde elas vieram, semelhante ao mundo anterior apenas por haver algum tipo de continuidade biológica e cultural. Nossa ordem, nossa forma, é necessária; nosso ceticismo quanto às ficções exige que não seja espúria. Trata-se de um tema central para o entendimento da ficção literária moderna, e espero abordá-lo de maneira mais direta em minha próxima palestra.

5.
Ficção literária e realidade

*Uma dissonância
na valência do urânio
levou à descoberta*

*Dissonância
(se lhe interessa)
leva à descoberta*

W. C. Williams, "Paterson
IV" (sobre o casal Curie)

No início de seu romance *O homem sem qualidades*, Robert Musil anuncia que "não se fará nenhuma tentativa séria de [...] entrar em competição com a realidade". E, ainda assim, esse é um elemento que ele não pode ignorar. Como seria bom, Musil sugere, se alguém conseguisse encontrar na vida a simplicidade inerente à *ordem narrativa*.

Aquela ordem simples que consiste em podermos dizer: "Primeiro aconteceu aquilo, depois aconteceu isto". O que nos tranquiliza é a sequência simples, a avassaladora variação da vida agora representada, como diria o matemático, numa ordem unidimensional.

Gostamos das ilusões dessa sequência, de seu aceitável aspecto de causalidade: "ela tem a aparência de uma necessidade". Mas a aparência é ilusória: Ulrich, o herói de Musil, "perdeu esse elemento narrativo elementar", assim como Musil. *O homem sem qualidades* é multidimensional, fragmentário, sem possibilidade de um fim narrativo. Por que não poderia ter ordem narrativa? Porque "tudo agora se tornou não narrativo". A ilusão seria grosseira e absurda demais.

Musil pertenceu à grande época do experimento; depois de Joyce e Proust, ainda que muito depois, talvez, é ele o romancista do primeiro modernismo. E, como podem ver, estava disposto a passar boa parte da vida lidando com os problemas criados pela divergência entre uma história confortável e as contingências não narrativas da realidade moderna. Até mesmo nas histórias anteriores, ele se ocupara dessa dissociação desagradável, mas necessária; e, em seu grande romance, tentou criar um novo gênero no qual, por todas as sortes de metáforas e estratagemas e dispositivos mais deslumbrantes, ficção e realidade pudessem se reunir mais uma vez. Ele fracassa, mas o importante é que tinha de tentar — porque era um cético à beira do misticismo e estava preso dentro de um mundo no qual, como observou uma de suas primeiras personagens, nenhuma cortina desce para esconder "a sombria materialidade das coisas".

Falei em palestras anteriores dos efeitos do ceticismo letrado sobre outros tipos de ficção, e talvez vocês tenham ficado um pouco céticos quanto às *minhas* ficções; mas agora que tenho de falar sobre o tema como um fator da condição cambiante da ficção literária, vejo que só o que farei é dar uma grande ênfase ao que é comum. Ao comentarmos a tentativa contínua por parte dos literatos de relacionar, mediante alteração frequente, um paradigma herdado a um sentido de realidade transformado, podemos cativar a atenção dos ouvintes falando de física, direito ou teologia, mas, assim que o assunto se volta para o romance, o argumento cai em um contexto perfeitamente familiar.

Acontece que, em nossa fase de civilidade, o romance é a forma central da arte literária. Ele se adapta a explicações tomadas de empréstimo a qualquer sistema intelectual do universo que pareça satisfatório naquele momento. Sua história é uma tentativa de escapar às leis daquilo que Scott chamou de "a terra da ficção" — os estereótipos que ignoram a realidade e cujo distanciamento dela identificamos como absurdo. Desde Cervantes, o romance vem sendo, quando satisfatório, a poesia "capaz de lidar com a realidade presente", nas palavras de Ortega.[1] Mas se trata de uma "poesia realista" e seu tema é, para dizê-lo em poucas palavras, "o colapso da poética", porque tem a ver com "a realidade bárbara, brutal, muda e sem sentido das coisas". O romance não pode funcionar com os velhos heróis ou as velhas leis da terra do romanesco; além disso, as novas leis e os novos costumes que cria têm de ser repetidamente violados sob as exigências de uma realidade mudada e não menos brutal. "A realidade tem uma índole tão violenta que não tolera o ideal, nem mesmo quando a própria realidade é idealizada." Apesar de tudo, o esforço continua. A revolta mais extrema contra os costumes ou as leis da ficção — os antirromances de Fielding, Jane Austen, Flaubert ou Natalie Sarraute — cria suas novas leis, que, por sua vez, também devem ser quebradas. Mesmo quando se professa uma completa anarquia narrativa — a exemplo do que acontece em algumas das obras que discuti na semana passada ou em um poema como "Paterson", que rejeita como espúrio tudo o que a maioria de nós entende como forma —, parece que o tempo sempre revelará alguma congruência com algum paradigma, basta que haja na obra aquele elemento necessário do costume que o habilita a se comunicar.

Não vou perder muito tempo em assuntos tão familiares a vocês. Quer pensemos, com Lukács, o romance como a resolução do problema do indivíduo em uma sociedade aberta ou como algo que se relaciona com esse problema em um mundo todo contingente; quer o expressemos nos termos dos modernos teóricos franceses e chamemos seu progresso de um movimento necessário e "incessante do conhecido para o desconhecido"; quer o vejamos simplesmente como algo similar às outras artes, no sentido de que não consegue evitar a criação de novas possibilidades para seu próprio futuro — como quer que o digamos, a história do romance é a história das formas rejeitadas ou modificadas, por paródia, manifesto, negligência, como absurdas. Creio que em nenhum outro lugar nos fazemos tão conscientes da dissidência entre as formas herdadas e a nossa própria realidade.

Nos dias de hoje, há uma boa discussão sobre o assunto, não apenas em francês, mas também em inglês. Aqui, estou pensando em Iris Murdoch, escritora cujo pensamento persistente e radical sobre a forma ainda não se refletiu por completo em sua própria ficção.[2] Ela contrasta o que chama de "forma cristalina" com a narrativa de tipo informe, quase documental, rejeitando ambas como incaracterísticas do romance, a primeira por não conter personagens livres e a segunda por não conseguir saciar aquela necessidade de forma que é mais fácil afirmar que descrever: temos apenas a certeza de que existe e de que nem sempre é ilícita. Seu argumento é importante e sutil, mas aqui não tentarei reafirmá-lo; basta dizer que Murdoch, enquanto romancista, encontra muita dificuldade em resistir ao que chama de "consolos da forma" e, nessa medida, prejudica a "opacidade", como mesma ela define, das personagens. Um romance tem isso (e mais) em comum com o amor, que se deleita, por assim dizer, com suas próprias invenções de personagens, mas deve respeitar a liberdade e a singularidade de cada uma delas. E precisa fazê-lo sem perder as qualidades formais que fazem dele um romance. Mas o romancista verdadeiramente imaginativo tem um inabalável "respeito pelo contingente", sem o qual afunda na fantasia, que é uma maneira de deformar a realidade. "Como a realidade é incompleta, a arte não precisa ter muito medo da incompletude", diz Murdoch. Não devemos falsificá-la com padrões claros demais, abrangentes demais: é preciso haver dissonância. "A literatura deve sempre representar uma batalha entre imagens e pessoas reais." É claro que também deve ter forma; mas, como diz A. S. Byatt em seu valioso livro sobre Murdoch, a autora parece sentir algum "pesar metafísico" a esse respeito.[3] Nessa romancista sutil e filosófica encontra-se aquilo que chamo grosseiramente de dilema da ficção e da realidade. Quando a própria Murdoch conseguir escrever um romance que contenha pessoas opacas e impenetráveis sob uma forma que em lugar nenhum revele uma queda desde as rigorosas benevolências da imaginação para as indulgentes mitologias da fantasia, teremos mais provas de que a história do romance é uma história dos antirromances.

Talvez se possa acrescentar que é provável que tudo isso continue verdadeiro mesmo quando o bom romancista não faz propostas obviamente revolucionárias. Ele pode até rejeitar o antirromance enquanto tal e, ainda assim, ter força para promover mudanças constitucionais tão profundas que nenhuma proclamação de reforma conseguiria igualar. Temos, por exemplo, Muriel Spark: sua realidade não é o caos brutal de que fala Ortega, mas uma realidade radicalmente incontingente que deve ser resolvida nos termos puros do romance e que está tão relacionada aos romances que apenas um virtuosismo profundo é capaz de ressaltá-la. Em seu novo romance, obra de profundo virtuosismo, ela não apenas faz essas suposições sobre o romance como também reflete sobre os antirromances. Afinal, eles existem — e, com a pompa que reserva às suas declarações mais sérias, ela apresenta a amostra de mais outro. É a transcrição de um dia enfadonho no julgamento de Eichmann, um dia de pura contingência, e ainda assim, sob a pressão da realidade superior do romance, esse dia se torna o "coração desesperado" não apenas do julgamento, mas do livro. O *nouveau roman*, com seu realismo deliberadamente solipsista e limitado, ganha sentido ao se integrar a uma forma superior. O nexo entre ficção e realidade é reimaginado de maneira singular. E assim o novo, mesmo que reafirme o antigo, exige que passemos pela experiência característica da ficção moderna séria, uma reavaliação radical desse nexo. Em suma, o romancista, embora possa aspirar — na linguagem de Tillich[4] — a viver em condições de realidade sem a guarida do mito, tem de abrir espaço a diferentes versões da realidade, até mesmo àquelas que alguns chamam de mítica e outros, de absoluta. Também descobrimos que há um irredutível mínimo de geometria — de forma ou estrutura humanamente necessária — que acaba limitando nossa capacidade de aceitar a mimese da pura contingência.

Mas, depois de assinalar o que Spark tem em comum com outros investigadores da forma romance, é preciso apontar também uma profunda diferença de ânimo. Essas concordâncias profundas e deliciosas pressupõem ou afirmam que o próprio mundo é uma terra da ficção — uma ficção divina que é a ficção suprema porque absoluta, ainda que estranhamente, verdadeira — e que as contingências se resolvem, sob a força da imaginação, em imagens belas, arbitrárias e totalmente satisfatórias desse arranjo benigno. Suponho que, nos dias de hoje, poucas pessoas reivindiquem um conhecimento empírico de tal concórdia. Spark sem dúvida se acha entre aquelas que acreditam que a forma é uma questão de *recherche*, como os franceses sempre dizem; mas, depois de encontrá-la, temos o direito de nos consolarmos com ela, pela boa razão de que é autêntica e reflete, mesmo que de maneira imperfeita, um enredo universal, uma ordem encantadora de começo, meio e fim, concórdias tão oportunas e inesperadas que rimos ou choramos quando tropeçamos nelas; *peripeteias* tão vastas e aparentemente incontidas que nada na literatura da comédia ou da tragédia pode fazer mais que lhes conferir imagens um tanto vagas. Tudo são riquezas, e o pecado é benéfico: "*all's well that ends well, still the fine's the crown*".* Afinal, este não é bem o mundo de quem busca "a coragem de ser" e de despojar a realidade da proteção do mito. Somos todos pobres; mas existe uma diferença entre o que Spark pretende ao falar de "meios escassos" e o que Stevens chamou de nossa pobreza e Sartre de nossa necessidade, *besoin*. O poeta encontra suas concórdias breves e fortuitas, é verdade: não apenas "o que será suficiente", mas "o frescor da transformação", a "realidade da recriação", a "alegria da linguagem". O romancista aceita a necessidade, a dificuldade de relacionar as próprias ficções com o que se sabe sobre a natureza da realidade, como sua *donnée*.

É porque ninguém falou mais sobre essa situação nem deu a devida noção de sua complexidade, que desejo dedicar a maior parte desta palestra a Sartre e ao mais relevante de seus romances, *A náusea*. Do jeito que as coisas vão agora, é claro que não se trata de um livro muito moderno: com uma reverência divertida, Robbe-Grillet o trata como uma relíquia valiosa. Mesmo assim, servirá a meus propósitos. Vocês o conhecem muito bem, sem dúvida; não posso me ocupar de dizer muito a seu respeito, sobretudo porque muitas vezes se considerou que a obra se encontrava em uma relação extraordinariamente próxima a um corpo de filosofia que não tenho competência para comentar. Talvez vocês me perdoem se lhes disser que usarei essa e outras obras de Sartre só como exemplos. O que farei é apenas mostrar que *A náusea* representa, na obra de uma figura muitíssimo importante e representativa, uma espécie de crise no nexo entre ficção e realidade, uma tensão ou dissonância entre a forma paradigmática e a realidade contingente. Dou por

---

* "É sempre bom tudo que acaba bem./ O fim coroa a obra." William Shakespeare, *Teatro completo: Comédias*. Trad. de Carlos Alberto Nunes. Rio de Janeiro: Agir, 2008. [N.T.]

certo que o estado de espírito de Sartre às vezes era compatível com o apocalipse desmitologizado moderno: sua filosofia é uma filosofia de crise, mas seu mundo não tem começo nem fim. A absurda desonestidade de todos os padrões pré-fabricados é fundamental para suas crenças; cobrir a realidade com imagens eidéticas — ilusões persistentes de atos de percepção passados, como algumas crianças anormais "veem" a página ou objeto que já não está diante de seus olhos — é afundar em *mauvaise foi*. Essa expressão abrange todas as confortáveis negações do inegável — liberdade — mediante mitos da necessidade, da natureza ou das coisas como são. Todos os paradigmas da ficção são eidéticos? Será a *mauvaise foi* o inimigo inevitável, insidioso e confortável de todos os romancistas?

Recentemente, na primeira parte de sua primeira autobiografia, Sartre falou com extraordinária vivacidade sobre os papéis que representara na juventude, sobre as falsidades que lhe foram impostas pelo poder fictício das palavras.[5] No início da Grande Guerra, ele começara a escrever um romance sobre um soldado francês que saía à caça do Kaiser, vencia-o em um único combate e, assim, punha fim à guerra e recuperava a Alsácia. Mas não deu nada certo. O Kaiser, acossado, cuspido e insultado pelos *poilus*, fraco demais para o formidável soldado Perrin, tornava-se "um tanto heroico". Pior ainda: a paz, que deveria ter surgido no mesmo instante no mundo real se essa ficção tivesse uma correspondência genuína com a realidade, não se produziu. "Quase renunciei à literatura", diz Sartre. Roquentin, em uma situação mais sutil, ainda que bastante similar, tem a mesmíssima reação. Tempos depois, Sartre viria a redescobrir que, por mais que desbastemos o terreno, o herói voltará a aparecer e que, mesmo no mais intricado padrão de palavras, as lacunas — menos flagrantes, talvez — entre a ficção e a realidade se abrirão. O jovem Sartre às vezes se sentia, nos momentos em que mais se identificava com seus amigos de *lycée*, "enfim libertado do pecado de existir" — essa também é uma frase de Roquentin, mas ele diz que muitas vezes se sente o personagem de um romance.

Como podem os romances, contando mentiras, converter existência em ser? Vemos Roquentin oscilar entre o horror da contingência e a ficção das *aventures*. Em *As palavras*, Sartre nos diz de maneira muito cativante que ele *era* Roquentin, por certo, mas que também era Sartre, "o eleito, o cronista dos infernos", para quem todo o romance — de que agora fala com tanto escárnio — era uma espécie de *aventure*, embora o que estivesse representado ali fosse "a existência salobra e injustificada de meus semelhantes". Tudo isso é bem divertido, mas se trata apenas de uma outra maneira de falar sobre um problema que, sob outro estado de espírito, ele via como algo sério, a saber, a relação entre as ficções como as utilizamos em nossas crises existenciais e as ficções tal como as construímos nos livros.

Os romances, diz Sartre, não são a vida, mas devem seu poder sobre nós — assim como sobre ele próprio quando criança — ao fato de serem de algum modo semelhantes à vida. Na vida, ele observou certa vez, "todos os caminhos estão fechados e, no entanto, precisamos agir. Então, tentamos mudar o mundo, ou seja, viver *como se* as relações entre as coisas e suas potencialidades fossem governadas não por processos determinísticos, mas por magia". O *como se* do romance consiste em uma negação similar do determinismo, o estabelecimento de uma liberdade aceita por magia. Tramamos *aventures*, inventamos e atribuímos o significado das concórdias temporais àqueles "momentos privilegiados" aos quais somente nós concedemos prestígio, fazemos nossos próprios *tiques* humanos em um mundo sem relógio. E pegamos um homem que é, por definição, *de trop* e criamos um contexto no qual ele não é.

O romance é uma mentira só na medida em que nossas invenções cotidianas são mentiras. O poder que vai na sua feitura — a imaginação — é um efeito da inescapável liberdade do homem. Nas palavras de Mary Warnock, essa liberdade "se expressa em sua capacidade de ver coisas que *não são*".[6] É por sua ficção que sabemos que ele é livre. Não surpreende que Sartre, enquanto ontologista, tendo de descrever muitos tipos de comportamentos fictícios, invente histórias para fazê-lo, movendo-se assim para um ponto médio entre a vida e o romance. As histórias de *O ser e o nada* sobre a garota e seu sedutor, sobre o garçom que faz papel de garçom, são invenções exemplares de *mauvaise foi*: diferem da história do farol ou do proprietário de café de *A náusea* apenas por se relacionarem por meio de um argumento filosófico explícito e por não se relacionarem por nada que pudesse ser chamado de enredo. Mas é claro que essa única diferença é muito grande e precisamos ser bem claros a respeito. Em suma, trata-se de forma literária, algo bem distinto da forma do discurso filosófico. Por exemplo, Sartre admirava *O estrangeiro* porque não trazia um único episódio ou imagem supérfluos: se o romance é sobre um homem necessariamente *de trop*, o homem e o romance devem ser o oposto disto.

Esse é um dos motivos pelos quais *A náusea* é tão desafiador. Um dos critérios pelos quais habitualmente julgamos os romances é aquele pelo qual Sartre julgou o livro de Camus: por sua transfiguração, por assim dizer, do contingente. Mas o romance de Sartre precisa conferir uma representação completa ao horror da contingência: dizer, nas palavras de Murdoch, que Sartre a "respeita" dá uma noção muito pálida do papel da contingência como antagonista de *A náusea*. E, no fundo do imaginário do livro, há uma representação radical dessa guerra entre o que é *de trop* e o que não deve ser *de trop*. A contingência é nauseante e viscosa; já se sugeriu que a figura é, em última análise, sexual. Trata-se de matéria informe, *materia, matrix*; Roquentin desempenha, sobretudo, o papel masculino que dá forma. Ele experimenta a realidade em toda a sua contingência, sem o benefício da ficção humana — e resolve fazer uma ficção. Entre sua experiência e sua ficção encontra-se o livro de Sartre. Na medida em que confere estrutura e forma às crenças metafísicas expressas no tratado, tanto as representa quanto as desmente. Sartre observou, a respeito da obra de Maurice Blanchot, que uma metafísica parece diferente quando dentro ou fora da água de um romance e, em seu próprio caso, ele não foi capaz de evitar: o próprio romance tem uma participação no jogo e pode insistir em significados e relações que o tratado nega ou refuta. É isso que a forma faz: em algum lugar ao longo do caminho, ela se juntará ao que Sartre chama de "má-fé". Talvez haja alguma ironia na decisão de Roquentin de tentar um romance "belo e duro feito aço", mas é uma maneira de falar sobre a tentativa do próprio Sartre de incluir a contingência em uma forma que é, na medida em que tem êxito, destruidora da contingência. O romance tem, por tudo o que em teoria se possa dizer contra tal possibilidade, "limitações a priori".

Podemos ver que as coisas são assim — e que o romance de Sartre o demonstra — olhando para alguns aspectos da doutrina que parecem, em alguma medida, falsificados por sua aparição em forma de romance. Vejamos, por exemplo, os pronunciamentos de Sartre sobre o passado: como eles haveriam de aparecer em um romance? O homem existencialista, que tem total responsabilidade por suas ações, não tem um passado relevante. Está em um mundo que não apenas ele nunca criou, mas que nunca foi criado. Seu mundo é um caos sem potencialidade e ele próprio é um nada potencial. No mundo, "tudo é ato" e a potencialidade é puramente humana. Ver a coisa *pour soi*, como Roquentin faz no parque, é estar ciente, a ponto da náusea, de que "tudo é plenitude": *mes yeux ne rencontraient jamais que du plein.** Quando a árvore estremeceu com o vento, o estremecimento não foi "uma passagem da potência ao ato; foi uma coisa".

---

* "Meus olhos nunca encontraram nada mais que o pleno." [N.T.]

Mas o mundo que um romance apresenta (e *A náusea* o faz) é diferente do mundo de nossa experiência comum porque é criado e porque tem a potência de uma criação humanamente imaginativa. Para Aristóteles, a trama literária era análoga à trama do mundo, uma vez que ambas eram eduções da potência da matéria. Sartre nega essa assertiva para o mundo e, mais especificamente, na passagem mencionada há pouco, nega que sem potencialidade não existe mudança. Ele volta à visão megárica do tema, que Aristóteles se dera ao trabalho de corrigir.[7] Mas não é o que nos interessa aqui. O fato é que, mesmo que se acredite em um mundo megárico, não existe romance megárico — nem mesmo "Paterson". Dentro do romance, é simplesmente impossível haver mudança sem potencialidade — ainda que este seja o objetivo desesperançado dos escritores do método de recorte e também dos escritores de embaralhamento de cartas. Um romance que de fato implementasse essa política seria um caos. Nenhum romance consegue evitar ser, em certo sentido, aquilo que Aristóteles chama de "uma ação concluída". Portanto, todos os romances imitam um mundo de potencialidades, mesmo que isso implique uma filosofia rejeitada por seus autores. Eles têm uma fixação nas imagens eidéticas de começo, meio e fim, potência e causa.

    Os romances, portanto, têm começo, fim e potencialidade, mesmo que o mundo não tenha. Da mesma maneira, pode-se dizer que, embora talvez não haja no mundo algo como personagens, uma vez que o homem é aquilo que faz e escolhe livremente o que faz — e, quando afirma que seus atos são determinados por predisposição psicológica ou de qualquer outra natureza, ele é uma fraude, *un lâche* ou *un salaud**—, no romance não pode haver uma representação justa disto, pois, se o homem fosse livre por inteiro, ele poderia apenas sair da

---

* "Um covarde" ou "um desgraçado". [N. E.]

história e, se não tivesse traços de personagem, nós não o reconheceríamos. Isso é verdade, apesar de a escola doutrinária do *nouveau roman* alegar que aboliu a personagem. E o próprio Sartre tem um forte compromisso com as personagens, embora não pudesse aceitar a posição aristotélica de que é por meio da personagem que o enredo se atualiza. Em suma, os romances têm personagens, mesmo que o mundo não as tenha.

E o tempo? Efetivamente, trata-se de uma criação humana, segundo Sartre — e ele gosta de romances porque eles se ocupam apenas do tempo humano, um avanço irreversível para um futuro virgem de êxtase em êxtase, nas suas palavras, de *kairós* em *kairós*, nas minhas. O futuro é um elemento fluido no qual tento atualizar minha potência, embora o fim seja inatingível; o presente é simplesmente o *pour-soi*, "consciência humana em sua fuga do passado para o futuro". O passado se fecha no *en-soi* e não tem relevância. "O que fui não é a base do que sou, não mais que aquilo que sou é a base do que serei." Ora, esse não é o tempo do romance. O avanço para o futuro, tudo bem, porque se encaixa no velho desejo de saber o que vai acontecer a seguir; mas a negação de toda relação causal entre *kairoi* díspares, que afinal é basilar para a maneira como Sartre lida com o tempo, impossibilita a forma — e jamais nos ocorreria que se devesse chamar de romance um livro escrito a partir de tal receita, um conjunto de epifanias descontínuas. Talvez não conseguíssemos nem o ler: a feitura de um romance é, pelo menos em parte, conquista tanto de escritores quanto de leitores, e os leitores estão sempre tentando prover as mesmas conexões que o programa do escritor suprime. De todas essas maneiras, portanto, o romance falseia a filosofia.

Na autobiografia de Simone de Beauvoir, há uma passagem em que ela se lembra de ter falado a Ramón Fernández e Adamov sobre o romance em que estava trabalhando, *A convidada*.[8] Ela afirma que se trata de "um autêntico romance, com um começo, um meio e um fim". E os autênticos romances de fato têm tudo isso. Um romance sartreano de fato seria nada mais que um meio descontínuo e desorganizado. E totalmente indeterminado. Mas, na prática, não pode ser assim. "Dei uma esposa a Marcel", diz de Beauvoir, "a quem usei como contraste." De maneira similar, Sartre, em sua trilogia (*Os caminhos da liberdade*), determina muitas coisas — por exemplo, que Lola possua o dinheiro de que Matthieu precisa para o aborto de Marcelle. Aqui vemos o pedaço de uma trama quase oitocentista. Não há nada tão flagrante assim em *A náusea*, mas o livro também tem sua cota necessária de artifício ou "falseamento".

O romance, assim, fornece uma redução do mundo distinta daquela do tratado. Tem de mentir. Palavras, pensamentos, padrões de palavras e de pensamentos são inimigos da verdade, se nós a identificarmos com aquilo que se pode obter por meio de reduções fenomenológicas. Sartre sempre esteve, como explica em sua autobiografia, ciente de que estavam em desacordo com a realidade. Vem à lembrança o relato cômico dessa antipatia em *Under the Net* [Sob a rede], de Iris Murdoch, um dos poucos romances verdadeiramente filosóficos em língua inglesa: só se poderia encontrar a verdade em um poema mudo, em um romance mudo. Assim que fala, que passa a ser romance, impõe causalidade e concordância, personagem e desenvolvimento, um passado que importa e um futuro dentro de certos limites amplos, determinados pelo projeto do autor, e não dos personagens. Eles têm suas escolhas, mas o romance tem seu fim.*

---

* Há, no ensaio londrino de Ortega y Gasset "History as a System" [História como sistema] (em *Philosophy and History* [Filosofia e história], Klibansky e Paton, 1936), uma passagem notável que coloca com muita clareza as questões formuladas mais notoriamente por Sartre. Ortega está discutindo o dever do homem de se fazer. "Invento projetos de ser e fazer à luz das circunstâncias. Só com ela me deparo, só ela me é dada: a circunstância. Muitas vezes se esquece que o homem é impossível sem imaginação, sem a

Parece bom dizer que o romancista é livre, que, assim como o jovem que perguntou a Sartre se deveria entrar para a Resistência ou ficar com a mãe, pode ouvir: "Você é livre, então escolha. Quer dizer, invente". Podemos concordar que o jovem, até ter escolhido, não saberá as razões de sua escolha. Mas, na prática, existe uma diferença entre o romancista e o jovem como Sartre o vê: o jovem sempre será livre exatamente nesse grau; quer fique ou não com a mãe, essa decisão não será relevante para sua próxima decisão. Mas não é o que acontece com o romancista: ele é mais tomista que sartreano, e cada escolha limitará a próxima. O romancista tem de colaborar com seu romance e cresce na má-fé. É um mundo no qual passado, presente e futuro estão relacionados de forma inextricável.

Que Sartre não ignore essa dificuldade, creio que podemos deduzi-lo de algumas das coisas que ele disse sobre os romances. O ataque a Mauriac e aos romances do passado se baseia na convicção de que são desonestamente determinados. Os personagens de um romance cristão, diz ele, sem dúvida deveriam ser "centros de indeterminação", e não escravos de alguma falsa onisciência. É pela recusa de tal formalismo que podemos fazer da literatura uma força libertadora. "Não há mais nada a espiritualizar, nada mais a renovar, a não ser este

capacidade de inventar para si uma concepção de vida, de 'idear' o personagem que ele haverá de ser. Quer seja original ou plagiador, o homem é o romancista de si mesmo [...]. Entre possibilidades devo escolher. Logo, sou livre. Mas, que fique bem entendido, sou livre por compulsão, queira ou não queira [...]. Ser livre significa não ter identidade constitutiva, não ter subscrito a determinado ser, poder ser outro que não o que se era." Essa "instabilidade constitutiva" é o atributo humano que falta aos romances condenados por Sartre e Murdoch. Ortega difere de Sartre no uso do passado; mas, quando diz que seu homem livre é, queira ou não, "um Deus de segunda mão" que cria sua própria entidade, ele está muito próximo de Sartre, que diz que ser é ser como o herói de um romance. Em um caso, a imagem eidética é a de Deus; no outro, a do Herói. [N. A.]

mundo multicolorido e concreto com seu peso, sua opacidade, suas zonas de generalização e seus enxames de anedotas". Um romance que encare essas qualidades não terá forma eidética, nenhuma concordância sugerindo falsos absolutos. Os romances que as têm, os de Mauriac, por exemplo, são manipulados, pertencem a um estilo de mundo obsoleto, substituem a realidade pelo mito. Mas quando Sartre se depara com *O estrangeiro*, com seu presente descontínuo "que elimina todos os laços significativos que também fazem parte da experiência", ele diz que não se trata de um romance porque, entre outras coisas, carece de "desenvolvimento", embora o admire pela economia organizativa. Ainda assim, "desenvolvimento" certamente implica continuidade e uma mimese da atualização da potência; e organização é forma. Depois, ele atacou o *nouveau roman*, que oferece, poderíamos pensar, um olhar sobre a realidade que lhe é adequado, por ser formalista. É muito difícil decifrar todas essas questões, mas parece bastante claro que o que não se está levando em conta é o próprio romance, o colaborador do qual nem o escritor, nem o leitor podem se livrar, a fonte de todas as imagens eidéticas falseadoras.

Deixem-me dar mais um exemplo da pressão dessas imagens eidéticas dizendo algumas palavras sobre o herói. Robbe-Grillet lamenta que Sartre não tenha conseguido fazer o que pretendia em *A náusea*: nomeia, mas não caracteriza a contingência, recorre a conexões e cronologias clássicas, e permite que Roquentin se torne uma espécie de herói. Ora, as imagens da tragédia e do herói com certeza refletem sobre o pensamento existencialista em geral; já se disse que a escolha existencialista é uma adaptação da escatologia cristã, e devemos acrescentar a essa categoria o tipo escatológico do herói. É por isso que Kott pode falar em transferir a tragédia e seus heróis para o modo do absurdo:[9] aceitando sua angústia em liberdade, o existencialista repete os gestos do herói trágico em um contexto que não é trágico, mas absurdo. No romance de Camus, por exemplo, Mersault — o homem que, "sem nenhum heroísmo, aceita morrer pela verdade", como diz o autor — é um assassino gratuito, não uma vítima gratuita; mas, em muitos aspectos, ele é clara e literalmente um Anticristo, em quem a tradição do heroísmo cristão se faz absurda; poderíamos dizer que a cuidadosa falta de sentido de sua vida é a exata antítese da plenitude das concordâncias encontradas na vida de Jesus. Na angústia da liberdade, Sartre dá a seu anti-herói um fardo de responsabilidade que parece absurdo no monstruoso mundo da contingência, mas é precisamente o fardo que reconhecemos como trágico em outra literatura:

> quando um homem se compromete com alguma coisa, percebendo plenamente que não está apenas escolhendo o que será, mas que também é, ao mesmo tempo, um legislador decidindo por todos os homens — em tal momento, ele não consegue escapar ao mais profundo e completo senso de responsabilidade.

Esse é o herói de um mundo onde a existência precede a essência e onde, "no presente, o que há é desamparo". E, como o próprio Sartre vê com clareza, pensar um homem assim é pensá-lo como herói de um romance. Se colocarmos esse homem dentro de um romance, ele será, em alguma medida irredutível, obscurecido pela imagem eidética do Herói. A exemplo do Kaiser, espancado pelo formidável soldado Perrin, ele se torna *um tanto* heroico.

Espero ter deixado claro por que, ao falar das dissonâncias entre ficção e realidade nos nossos tempos, achei melhor me concentrar em Sartre. Suas hesitações, retratações, inconsistências, todas elas procedem de sua lucidez sobre os problemas: como o romance difere das ficções existenciais? Até que ponto é inevitável que um romance forneça um relato do mundo em forma de romance? Como se pode controlar e tirar proveito das dissonâncias entre esse relato e aquele oferecido pela mente que trabalha independente do romance?

 Para Sartre, tratava-se, em última análise, de um problema de liberdade — assim como a maioria dos outros problemas ou todos eles. Para Murdoch, é um problema de amor, a força pela qual apreendemos a opacidade das pessoas a ponto de não mais enquadrá-las em padrões egoístas. Quando falam de amor e liberdade, ambos estão falando de imaginação. Vale lembrar que a imaginação é uma força que dá forma, um poder *esemplástico*: pode exigir, nas palavras de Simone Weil, que seja precedida por um ato "decriativo",[10] mas é sem dúvida uma criadora de ordens e concórdias. Nós a aplicamos a todas as forças que satisfazem as várias necessidades humanas que são atendidas por formas aparentemente gratuitas. Essas formas proporcionam consolo e, se mitigam nossa angústia existencial, é porque colaboramos um mínimo com elas, como colaboramos com a linguagem para nos comunicar. Estejamos ou não predispostos a aceitá-las, nós as aprendemos como aprendemos um idioma. Desde certo ponto de vista, são "as crianças heroicas que o tempo cria/ Contra a primeira ideia", mas, desde outro, destroem, pela falsidade, a angústia heroica de nossa solidão presente. Se aparecem sob formatos ridiculamente falsos, nós as rejeitamos; mas mudam conosco, e cada ato de ler ou escrever um romance é uma aceitação tácita delas. Se arruínam nossa inocência, temos de lembrar que o olho inocente não vê nada. Se nos fazem sentir culpa, também nos permitem, como nenhuma outra coisa, submeter a aparência das coisas aos desejos da mente.

 Encerrarei falando um pouco mais sobre *A náusea*, livro que escolhi porque, embora seja um romance, reflete uma filosofia que, na medida em que tem forma de romance, precisa contradizer. Sob certo aspecto, é o que Philip Thody chama de "uma extensa ilustração" da contingência do mundo e do absurdo da situação humana.[11] Thody acrescenta que é tarefa do romancista "superar a contingência", de modo que, se a ilustração fosse extensa demais, o romance seria ruim. O próprio Sartre fornece uma fórmula mais abrangente quando diz que "o objetivo final da arte é reivindicar o mundo revelando-o como ele é, mas como se tivesse sua origem na liberdade humana". Essa afirmativa faz duas coisas. Em primeiro lugar, vincula as ficções da arte às de viver e escolher. Em segundo, significa que não se pode alcançar a humanização da contingência do mundo sem uma representação dessa contingência. E a representação precisa ser tal que induza o devido sentimento de horror diante da diferença absoluta, da absoluta ausência de forma e da absoluta desumanidade do que se tem de humanizar. E precisa também ocorrer simultaneamente com o *como se*, o ato da forma, da humanização, que alivia o horror.

Esse reconhecimento — de que a forma não deve regredir ao mito e de que a contingência precisa ser formalizada — faz de *A náusea* uma espécie de modelo dos conflitos na teoria moderna do romance. Como fazer justiça a uma realidade caótica e viscosamente contingente e, ao mesmo tempo, redimi-la? Como justificar os começos, as crises e os fins fictícios, o atavismo da personagem, que não podemos impedir que cresça, na imagem de Yeats, feito as cinzas num graveto em chamas? O romance vai chegar ao fim. Até seria possível evitar um fechamento total, mas haverá algum fechamento: um falso ponto final, uma "exaustão dos aspectos", como diz Ford, um retorno irônico à origem, como em *Finnegans Wake* e *Como é*. Talvez o livro se encerre dizendo que forneceu as pistas para um outro, um livro no qual a contingência será derrotada, o romance que Marcel pode escrever depois da experiência que descreve em *O tempo redescoberto*, ou Roquentin ao final de *A náusea*.

Mas o livro de Roquentin é apenas uma parte do livro de Sartre: se existe aqui um verdadeiro romance, um agente da liberdade humana, deve ser o de Sartre, não o de Roquentin, que jamais poderemos ler. E, evidente, Sartre sabia da falácia da forma imitativa: embora cerque o herói com imagens da ausência de forma, da desumanidade e da náusea, seu livro não pode ser amorfo, viscoso nem desumano, assim como não pode repetir a presunção formal do romance do século XIX, nem a onisciência arrogante de Mauriac. Seu livro opera em algum lugar entre esses extremos: na figura singela de George Eliot, é a vela que cria um padrão de raios aleatórios no espelho. Esse padrão é tão humanamente importante que, falando em termos humanos, a contingência é apenas seu material; pensando nisso, Robbe-Grillet se lembra do comentário de Mallarmé: o mundo existe *pour aboutir à un livre*.* E, no entanto, a contingência precisa estar lá, ou nosso *como se* será mera fantasia, sem relação com a tarefa humana básica da autoinvenção imaginativa.

Sartre começou *A náusea* como uma obra episódica, e as práticas de Roquentin refletem esse aspecto; mas a necessidade de estrutura se fez imperiosa: não basta escrever *comme les petites filles*. Começa algo que precisa ter um final consoante: *quelque chose commence pour finir*.** Haverá ordem. O primeiro título do livro era "Melancolia", em referência à gravura de Dürer.[12] A melancolia não é apenas mazela; é também a patrona da criatividade. Sozinha e desesperada entre todos aqueles objetos distintos — plano, esfera, faca, cabra, balança, sólido irregular —, ela descobrirá uma ordem. Essa descoberta segue a experiência da contingência e nunca pode se dar sem imaginação, simplesmente varrendo entre as cinzas do *en-soi*, a

---

* "Para acabar num livro." [N. T.] ** "Como garotinhas"; "alguma coisa começa a terminar". [N. E.]

montoeira do passado. É por isso que Roquentin, na primeira vez que o encontramos, é historiador. Ele se dedica ao estudo daquilo de que a arte nos permite escapar. Observamos seu desgosto crescente e, por fim, ele abandona o marquês de Rollebon. Não se explicita o elo desse dignitário com a repulsa da contingência, é algo que se alcança por uma daquelas falsificações que são a lógica dos romances, em que a colocação representa mais que a contingência. "*M. de Rollebon m'assomme. Je me lève. Je remue dans cette lumière pâle; je la vois changer sur mes mains et sur la manche de ma veste: je ne peux pas assez dire comme elle me dégoûte.*" Seria algo como: "Rollebon me aborrece. Levanto-me. Movo-me por esta luz pálida. E a vejo mudar nas minhas mãos, na manga do meu paletó: não consigo nem dizer quanto me enoja". Então, como ele poderá conter, transfigurar a realidade? Não pelo patético método mecânico do Autodidata, cuja assimilação alfabética do conhecimento simplesmente tritura ainda mais as cinzas sem sentido da contingência; tampouco pelas ficções dos *salauds* que ele vê na galeria de arte ou do médico que usa as convenções como escudo contra a angústia de sua própria liberdade. Tem de ser por uma ficção que não seja fraudulenta.

Essa ficção é a música "Some of These Days". Essa delicada melodia é humana, cria uma duração humana, destrói a desordem e o tempo morto do mundo. Não contém nada que seja mera ocorrência; seus instantes, tais como nos aparecem, são *aventures*. É o que se faz necessário. Há outros indícios da mesma transfiguração: um jogo de cartas tem suas *aventures* e se pode dizer que uma vida também as tem — na verdade, tem a estrutura delas, de modo que chega a se parecer com um romance... Mas, quando Roquentin experimenta a ressaca metafísica que vem de sua entrega a tais pensamentos, ele diz consigo mesmo: "Cuidado com a literatura". O *como se* do romance não se aplica tão facilmente à vida. Na vida não há começos, aquelas "fanfarras de trombetas" que implicam estruturas "cujos contornos se perdem na névoa". No romance, o começo implica o fim: mesmo que pareça que estamos começando pelo começo — "Era uma bela tarde de 1922. Eu era escrivão em Marommes" —, na verdade, estamos começando pelo fim: tudo o que parece fortuito e contingente no que se segue está de fato reservado para um benefício posterior de significância em alguma estrutura concordante. É isso — Roquentin lembra a si mesmo, assim como fizera o jovem Sartre — que distingue o romance da vida e representa o perigo de argumentos que confundem os dois. Por meio de uma amostra de falsificação muito imaginativa, Sartre ilustra de forma oblíqua essa ideia na passagem em que uma conversa "real" em determinado restaurante se contrapõe a uma conversa em *Eugénie Grandet*. As duas pertencem a diferentes ordens de vida e tempo. E quando Roquentin, em sua caminhada dominical, sente que dessa vez está vivendo uma *aventure*, o que ele diz é que isso lhe dá uma sensação de ser que não é própria da vida, mas da arte: "*Il arrive que je suis moi et que je suis ici* [...] *je suis heureux comme un héros de roman*".* Diante de uma escolha de vida perfeitamente comum, a sensação de viver dentro de um romance o abandona. Mas é claro que ele *está* vivendo dentro de um romance. Assim, Sartre junta o contingente e a estrutura das "aventuras" em uma dissonância que leva à revelação.

O falseamento com que isso se dá — utilizo a palavra de E. M. Forster, que tem um sentido benigno — não é o falseamento dos covardes e dos *salauds*. Um crítico francês pensaria aqui em Gide em vez de Forster, e Claude-Edmonde Magny distingue entre "trapaça" — que é o que o artista faz — e "trapaça falsificada" — que é a trapaça de má-fé dos *salauds*.[13]

---

* "Acontece que eu sou eu e estou aqui [...] estou feliz feito um herói de romance." [N. T.]

O romancista trapaceia arranjando colocações que, por ele se encontrar conosco em um contexto que todos entendemos, assim como poderíamos entender a natureza e as regras de um jogo, não consideraremos fortuitas, colocações das quais descobriremos o ritmo e o motivo. *A náusea*, a exemplo de qualquer outro romance, tem muitos desses artifícios. Ao descobrirmos, junto com Roquentin, que a raiz da árvore está "debaixo de toda explicação", inventamos, porque somos livres, aquilo que tem as qualidades para satisfazer os desejos da mente: um círculo, Roquentin diz — mas poderia ter dito um romance. Na realidade, não existem círculos nem romances. Quando Anny deu em Roquentin o beijo que selou o relacionamento, ela estava sentada em um canteiro de urtigas. Se a vida fosse "que nem uma obra de arte", isso não ocorreria. O interessante de *A náusea* enquanto investigação sobre a forma romance é, sem dúvida, que as urtigas estejam lá. Se o mundo das palavras quiser ter valor, se quiser se distinguir das ficções protetoras dos *salauds* e dos romancistas do século XIX, as urtigas precisam estar lá.

Mas, então, por que escolher, como instância principal das satisfações da arte, a canção "Some of These Days"? Trata-se, é claro, de mais um exemplo de falseamento. A canção é uma mínima obra de arte, a menor medida concebível para a contingência. Em seu compasso de três minutos, os autores se fizeram heróis de um romance. Diz Roquentin: "eles se lavaram do pecado de existir". Criaram começo e fim artificiais, uma duração minúscula, mas humana, em que tudo que se encontra entre esses dois marcos está ordenado e, assim, dentro de uma ficção, pode desafiar e negar o ser puro do mundo. Se o existencialismo é um humanismo, então essa canção também é — e o romance também. Fredric Jameson nos mostra que *A náusea* está cheia de falsos começos e fins; sentenças particulares são apocalipticamente carregadas de fins fictícios e, à medida que a narrativa se desenvolve, o fim derradeiro começa a exercer uma atração gravitacional sobre as aventuras e as não aventuras, que então recebem o status de aventuras e, assim, finalmente distinguem a obra de uma natureza não humana.[14] Por fim, não há "facticidade", o romance é não contingente. Caso contrário, seria um balbucio de diálogos ininterruptos, um aleatório apagar de cigarros, uma coleção de eventos sem concordância. Ao contrário de obras que pertencem inteiramente à terra da ficção, *A náusea* representa um mundo do qual se pode dizer: sua forma contém elementos do eidético, mas a tais imagens sobrepõem-se novas imagens de contingência. Assim, a forma herdada se faz, pelo menos por algum tempo, aceitável para aqueles cuja vida por trás do entrançado de palavras não lhes fechou os olhos por completo para a natureza do mundo. A forma de *A náusea* é uma dissonância instrutiva entre humanidade e contingência: descobre uma nova maneira de estabelecer concórdia entre a mente humana e as coisas como elas são.

Quando digo que esta é uma característica da ficção moderna, é claro que não quero dizer que o vínculo da consciência com o nada — e do ser com uma falta de sentido agitada e aleatória, um grude nojento — seja uma posição intelectual necessária. O que é radicalmente característico na postura geral de Sartre é seu tratamento da ficção como algo profundamente suspeito e, ainda assim, humanamente indispensável. No romance, onde existe um inevitável elemento da falsificação e uma inescapável herança de imagens eidéticas, essa suspeita diante do indispensável produz aquela *recherche* contínua de que falam os novos teóricos. A *recherche* em si não é nova: embora tenha se acelerado, é uma característica permanente do gênero, que sempre se viu sob a ameaça, por um lado, da necessidade de mimetizar a contingência e, por outro, do poder de consolação da forma. Em suma, as pressões que exigem suas mudanças constantes são a angústia e a má-fé. Quanto a esta última, ela procede de uma aderência acrítica ou covarde aos paradigmas. No entanto, não se pode dispensá-los, e aquilo que talvez pareça a necessária impureza do resultado se refina por investigações mais profundas. Dentro de um elemento necessariamente impuro, como podemos nos lavar do pecado de existir? Daí o rigor dos teóricos, daí os romances em que o leitor é o único personagem e o tempo é tão precisamente o seu tempo que a duração do livro é medida pelo tempo que ele leva para lê-lo, como a duração do filme *O ano passado em Marienbad* é os noventa minutos que passamos assistindo.

O rigor extremo poderia, suponho, destruir os paradigmas e, assim, destruir o romance. Confesso que, de todas as reivindicações feitas por Robbe-Grillet, a mais desconcertante, para mim, é a de que, nesse novo realismo, o leitor comum pode enfim encontrar a si mesmo. Ele repetiu essa ideia em uma entrevista recente publicada no *Le Monde* (7-13 de outubro de 1965). "Minha intenção é fazer um cinema popular e uma literatura popular [...]. Redescobri em mim todo o arsenal do imaginário popular." O entrevistador só diz: "Hum!".[15] De minha parte, acho que o tom do romance de Sartre é mais profundo que o dos livros que, em certo sentido, são sua progênie, até porque ele compreendeu que, mesmo quando o *donnée* é que nada está dado, nem tudo pode ser novo. Seu herói, seu começo e seu fim e suas concórdias não são novos nesse sentido: crescem à sombra de começos, fins e concórdias anteriores, heróis anteriores. Se não houvesse no mundo romances a se condenar, *A náusea* jamais teria sido pensada — e talvez *O ser e o nada* também não.

A náusea, como já falei, tem sua progênie. A investigação prosseguiu. Michel Butor, por exemplo, diz que o romance está "desenvolvendo em si mesmo aqueles elementos que mostrarão como ele se relaciona com o resto da realidade e como ilumina a realidade; o romancista está começando a saber o que está fazendo e o romance, a dizer o que é". Esse juízo parece, mais uma vez, muito característico do estágio de "pesquisa" que alcançamos, o uso de ficções para explorar a ficção. Quanto à realidade, esse neorrealista (termo intrigante quando pensamos que se aplica não apenas a Butor, mas a C. P. Snow) não toma nada por líquido e certo. "Nunca", diz Peter Brooks, "nunca o romance falou tão completamente sobre si mesmo, mas nunca esteve tão envolvido com a realidade."[16] Essa afirmação talvez seja um tanto excessiva: seria um jeito de dizer que *Inventário do tempo* é o grande romance moderno — e eu não o diria nem mesmo de *A náusea*. Mas ambos estarão entre os livros que nossos sucessores examinarão quando considerarem o pouco — ou, talvez, o muito — que estávamos, nos nossos dias, em nossa crise, confusos, sem saber como poderíamos confiar no passado e como, tão morbidamente cônscios da natureza e dos motivos de nossa mendacidade, entendíamos as relações entre ficção e realidade.

6.
Confinamento solitário

> *Na verdade, embora nosso*
> *elemento seja o tempo,*
>
> *Não somos talhados para as*
> *longas perspectivas*
>
> *Que se abrem a cada instante*
> *de nossas vidas.*
>
> *Elas nos ligam às nossas perdas.* [...]
>
> Philip Larkin

Nesta palestra, que é minha última, tentarei cobrir a maioria dos temas propostos nas anteriores, embora não espere entregar aqui a chave maravilhosa que tornaria todo o resto útil e sistemático. Só poderia fazê-lo se fosse o mestre descrito no poema, aquele "mestre mais severo e mais implacável" que

> *would extemporize*
> *Subtler, more urgent proof that the theory*
> *Of poetry is the theory of life*
>
> *As it is, in the intricate evasions of as,*
> *In things seen and unseen, created from nothingness,*
> *The heavens, the hells, the worlds, the longed-for lands.**

Tenho seu programa, mas não seus poderes. A "vida// Tal como é, nas intrincadas evasões do como", é disso que estou falando,

---

* Em tradução livre: "iria improvisar/ Prova mais sutil e urgente de que a teoria/ Da poesia é a teoria da vida// Tal como é, nas intrincadas evasões do como,/ Nas coisas vistas e não vistas, criadas do nada,/ Os céus, os infernos, os mundos, as terras ansiadas". Wallace Stevens, "An Ordinary Evening in New Haven". [N.T.]

da melhor maneira que posso. E fico feliz por ter sido em minha palestra mais recente que discuti Sartre, que sabia que as ficções, embora propensas ao absurdo, são necessárias à vida e ficam cada vez mais intrincadas porque sabemos muito desoladamente que o *como* e o *é* não são a mesma coisa. Nenhuma de nossas ficções é uma ficção suprema.

Saber de tudo isso cria em nós, no grau mais doloroso, a condição que Sartre chama de "necessidade" e Stevens de "pobreza". Pode parecer exagero de minha parte admitir que este poeta, neste momento, fala-me com mais urgência e afinidade que qualquer outro, especialmente quando diz das ficções, que são os verdadeiros consolos da solidão humana:

> *Natives of poverty, children of malheur,*
> *The gaiety of language is our seigneur.**

Esta é uma maneira de falar sobre uma recém-percebida pobreza imaginativa em termos de algo muito mais antigo e que palavras não podem mitigar; ainda assim, as duas situações às vezes se combinam e se confundem. Estar sozinho e pobre é, em certo sentido, o destino de todos; mas algumas pessoas estiveram sozinhas e pobres em um sentido muito literal, ao contrário da maioria de nós; e, em confinamento solitário, algumas delas puseram à prova a alegria da linguagem como meio de projetar sua humanidade em um ambiente hostil. E é falando por alguns momentos sobre o livro de um desses homens que posso começar a expor melhor o que tenho a dizer nesta palestra final.

Christopher Burney, autor de *Solitary Confinement* [Confinamento solitário], foi agente britânico na França ocupada, e o

---

* Em tradução livre: "Nativos da pobreza, filhos do infortúnio,/ A alegria da linguagem é nosso senhor". Wallace Stevens, "Esthétique du Mal". [N.T.]

livro começa após sua captura, embora em uma época em que ele ainda achava que solidão e confinamento eram apenas noções sem força real.¹ O que se segue é um estudo dessas noções à medida que vão se fazendo reais. Não devo falar de Burney como se ele fosse *Homo*, um homem capaz de representar o Homem em todos os sentidos. Ele é anormalmente corajoso, anormalmente inteligente e — seria preciso acrescentar — inglês de classe alta. Seu "projeto" é colorido por sua educação. Um homem educado no padrão francês, por exemplo, talvez não conseguisse reter aquela inocência metafísica em cujo ar as ficções filosóficas de seu cativeiro adquiriram formas imprevistas. Pois esse é um livro sobre o mundo que um homem inventa na verdadeira pobreza e na verdadeira solidão, com o mínimo de ajuda possível de fórmulas pré-fabricadas. Por seu intermédio, podemos chegar a compreender algo sobre a maneira como o mundo se molda na mente da verdadeira pobreza; sem dúvida, parecerá correto pensar nesse autor como uma daquelas "crianças heroicas que o tempo cria/ Contra a primeira ideia".

Burney, dentro de sua cela, tem dois interesses principais: seu apetite e seus pensamentos. O primeiro ele controla de várias maneiras, com artimanhas diversas, planejando sua lenta derrota ao longo das horas do dia. Mas os segundos, seus pensamentos, ficam obsessivos. Quando o homem da cela ao lado tenta se comunicar com batidas na parede, é repelido. O pensador não quer interferências em suas figurações privadas. Burney não se parabeniza por isso. Ele conhecia sua pobreza e sabia encontrar valor no conhecimento da pobreza do outro. "Conseguir combinar solidariedade de provação com diversidade de estado talvez seja o maior feito da raça humana", ele diz, e com grande perspicácia, pois essas são as condições da tragédia. O que torna o livro de Burney pós-trágico, por assim dizer, é sua necessidade de compreender sua provação sozinho. Na cadeia, ele se viu paradoxalmente livre, dentro dos limites estabelecidos pela fome e pela "ânsia animal de vagar". Nessa liberdade, que era a liberdade da aceitação, da verdadeira pobreza, sua mente lhe permitiu impor sua humanidade ao mundo. A realidade é transfigurada por esse ato, como que por um ato de amor. "Ali, no leito de pedra", escreve ele, "a vida se torna um caso de amor da mente, e a realidade, apenas a pessoa amada e eternamente misteriosa." A experiência era bastante terrível, mas ficar sem a memória dessa experiência seria perder também "aquela estranha e fiel fraternidade das janelas e aqueles momentos em que o olho da mente, feito um prisma inquieto, podia ver a realidade como nada mais que um contorno contra a luz da verdade que quase não se distinguia". Tais são as consolações da pobreza.

A coragem e a integridade intelectual desse escritor estão muito além daquilo que esperaríamos de nós mesmos, mas é legítimo procurar, nos movimentos de sua mente, certas ficções características em estado puro. Deixem-me mencionar algumas delas. Ele tem consciência de que, em sua solidão e liberdade, fez o que não poderia ter feito entre as improvisações da vida normal, em um mundo objetivo e ordenado; lembrando-se do "Conto do fazendeiro" dos *Contos da Cantuária*, ele caracteriza esse mundo estruturado como "bem corrigido":

> *As been his centris and his argumentz*
> *And his proportioneles convenientz*
> *For his equacions in every thyng.**

Refletindo sobre a plenitude dessa estrutura, o herói não pode evitar o problema do mal. E o resolve reinventando a teologia

---

* "Os centros e argumentos do astrolábio/ Carta de proporções — o necessário/ Para fazer seu cálculo e equação." Geoffrey Chaucer, *Contos da Cantuária*. Trad. de José Francisco Botelho. São Paulo: Companhia das Letras, 2013. [N. T.]

do mal como privação. Seguindo adiante, ele redescobre, como no espectroscópio, uma filosofia neoplatônica da luz. Então é preciso enfrentar outro problema, o problema do determinismo e do livre-arbítrio. As explicações mecanicistas são descartadas como fantásticas, mas, como ele considera o livre-arbítrio em termos de sua própria prática (devo comer todo o meu pão de uma vez só ou espaçá-lo?), é forçado a concluir que as explicações familiares sofriam de um equívoco fundamental:

> afirmava-se que a qualidade de um ato era determinada por um ato de volição que supostamente o precedia, ao passo que, agora, eu acreditava que a consciência do valor de qualquer ação era, em essência, reflexiva, e só de modo muito grosseiro se podia fazer que precedesse a ação um processo de imaginação antecipatória que, por sua vez, era um ato de reflexão [...]. Com essa pequena descoberta, dissolviam-se todos os paradoxos da liberdade dos seres humanos em oposição à onipotência de Deus.

Assim, na pobreza, no leito de pedra, os problemas antigos são reafirmados e a mente descobre "o que será suficiente".

Burney se viu obrigado a produzir duas variedades diferentes de ficção. Além de criar seus próprios "cálculos e equações", ele precisava inventar histórias para a Gestapo. Essas histórias da Gestapo tinham de cumprir certas condições: sem dizer a verdade, precisavam convencer um público cético. Eram, de fato, experiências de um *verismo* próprio do romance. Exigiam personagens, situações e diálogos absolutamente plausíveis. Se falhassem, o romancista — lembramos que ele era pobre no sentido literal, assim como somos pobres no sentido figurado — passaria por uma surra nas mãos de seus críticos. A exigência de verossimilhança pressiona sua narrativa feito uma crueldade.

"Quando chegamos perto de Pau [...] uma ferida não cicatrizada deu tanto trabalho ao meu companheiro que tivemos que descansar um pouco." Quase tomei a ferida para mim mesmo, até lembrar que não tinha nenhuma cicatriz compatível.

Sob a pressão da crítica, ele revisa um pouco a história, de modo que um interrogador perspicaz, mas razoavelmente afável, não encontre nenhuma inconsistência. Em certo sentido, o momento de triunfo desse exercício vem quando o interrogador esfrega as mãos e diz: "Adeus, não acredito numa única palavra do que você disse". É o que poderíamos dizer aos irmãos Goncourt se a rua fosse o tempo e eles estivessem no fim da rua.

Mas, de volta à cela, as satisfações ficcionais não se obtêm pela obediência aos paradigmas do *verismo*: é mais difícil salvar a própria humanidade que a própria vida. A questão, diz Burney, é de uma ordem abstrata obscurecida pela "aspereza da realidade". Esse obscurecimento deve ser inferido não apenas do mundo físico, mas também dos homens, uma vez que todo homem áspero e real é "duplicado por uma expressão abstrata de si mesmo". Como a ética é a relação entre esse gigante ficcional e o animal humano, as soluções éticas são estéticas: o que nos interessam são as ficções de relação. Assim, a solidão é um "exercício de liberdade", e a liberdade é inventar, para tudo que há de casual na vida, ficções de relação.

Burney observa que seu movimento mental muitas vezes o levava "às Américas densamente povoadas antes dos Colombos". Nessa verdadeira pobreza, tudo tinha de ser reinventado — até o relógio. Ele precisava de um relógio não porque as divisões convencionais de tempo fossem de grande importância, mas por motivos mais próximos àqueles dos monges que as haviam criado. Estes precisavam de relógios para a observância mais devota dos ofícios, Burney porque tinha de apreender a pressão crescente de um fim que se aproximava. Se seu cativeiro era semelhante a uma história, no sentido de que seus momentos haveriam de ganhar significado a partir de um fim, ele precisava sentir essa iminência. "Não sofremos a passagem do tempo vazio, mas antes a lentidão do evento esperado que haverá de finalizá-lo." Se o tempo não pode ser sentido como algo sucessivo, esse fim deixa de ter efeito: sem o sentido da passagem do tempo, praticamente se deixa de viver, perde-se o "contato com a realidade". Então o prisioneiro inventa um relógio: a sombra que uma empena projeta sobre a parede que ele consegue ver através do vidro canelado de sua janela alta. Não se pode encarar o tempo como algo áspero e real, como um repositório do contingente: nós o humanizamos por meio de ficções de sucessão ordenada e fim.

O fim final, a morte, é outra coisa que não pode ser encarada em sua aspereza desumana. Burney podia morrer a qualquer dia e pensava diariamente na morte. Mas "a morte é uma palavra que não apresenta nenhum alvo real aos olhos da mente", observa ele. Se você se imagina levando um tiro e os soldados carregando seu corpo em uma carriola, está trapaceando a si mesmo ao substituir seu próprio corpo pelo de outra pessoa ou, talvez, por um boneco impessoal. Sua própria morte se esconde de você. Essa trapaça, como a trapaça de que falei na última palestra, pode ser maligna ou benigna: na forma maligna, é exemplificada pelo médico de *A náusea*, mas, na forma benigna, é a tragédia, que outrora foi nossa maneira de trazer o tema da morte para nossas imaginações relutantes. Porém Burney volta para antes da tragédia, para uma escatologia mais simples. Suas ficções têm a ver com o "daqui em diante". Produzi-las, observa ele, é um processo "tão natural quanto comer". A razão é que "temos um vácuo, um segredo perfeito, que nos foi proposto como nosso fim, e de imediato começamos a preenchê-lo".

Ficções paradigmáticas, o céu e o inferno de sua infância, fazem pressão sobre seu pensamento; mas ele as rechaça. Por quê? Pelas razões que sugeri em outro lugar: nosso ceticismo, nossos princípios cambiantes quanto à realidade nos forçam a descartar as ficções que são explicativas demais, consoladoras demais. Ele desenvolve um senso da impotência de suas ficções, mas elas continuam singularmente fiéis ao tipo. Caindo na ingenuidade iletrada, como os apocalipistas de minha primeira palestra, ele de súbito inventa um fim que lhe convém. "Uma coisa está fora de questão. Não posso ficar aqui até o Natal [...]. Isso era um axioma." Quando chega o Natal, ele, ainda na cela, percebe a necessidade de tal desconfirmação: "Antes de tudo, tinha feito necessário para mim mesmo estar errado ao estabelecer o limite". Ainda assim, ele passa o dia de Natal da mesma maneira que as seitas milenares depois da desconfirmação: recalculando a data, prevendo o tempo mínimo para os Aliados acumularem o número indispensável de tanques e navios de desembarque. "O essencial, embora não soubesse disso à época, era ter um marco que deixasse o tempo finito e compreensível." Parece ser essencial quer se trate de pobreza real ou figurada; são insuportáveis os trechos de tempo não pontuados por um sentido que derive do fim.

Todos os tipos de ficção, sejam herdados ou inventados, ingênuos ou sofisticados, correm juntos na mente que busca liberdade na pobreza. Todos fazem parte do mundo das palavras, da trapaça que dá vida ao mundo. Burney refletiu sobre a linguagem e isolou um aspecto que lhe lembrava um chiste ou brincadeira em família, um jeito de provocar um curto-circuito nas complexidades ininteligíveis permitindo que uma palavra compartilhada funcionasse nos contextos mais diversos: amor, por exemplo, pode subir da carne para os céus e descer de novo. Ele pensou muito nos grandes chistes familiares que parecem mutuamente contraditórios e instáveis no significado, as parábolas do Novo Testamento, por exemplo: em seus sentidos conflitantes, elas parecem apartadas dos evangelhos consoladores nos quais se encontram, conclamando-nos a fazer um esforço de concordância, nós, homens com frio e fome dentro da cela, pensando no filho pródigo e nos lírios do campo. Ele era o filho pródigo ou o homem que caíra nas mãos de ladrões? Um alimentava a esperança, o outro não.

Todo o Evangelho foi se tornando cada vez mais uma estrutura de paradoxos, cuidadosamente equilibrada para que cada sentença pudesse ser invalidada por outra, de modo que nenhuma tivesse precedência absoluta. As ovelhas desgarradas, as virgens insensatas, o filho pródigo e o homem com um talento — todos eles compõem um labirinto impenetrável

Outra frase no mesmo livro tinha um sentido mais direto: "Pois todos os nossos dias se passaram em Tua ira; passamos nossos anos como um conto que se conta". Que o conto concordante abarque ironia, paradoxo e *peripeteia*, que dar sentido ao que precisa de sentido seja uma atividade que inclua a aceitação de padrões inexplicáveis, labirintos de contradições, é uma condição de explicação humanamente satisfatória.

A epígrafe de *Solitary Confinement* é uma passagem do último ato de *Ricardo II*, e devo confessar que nunca tinha feito muito sentido para mim até ler o livro de Burney.

For no thought is contended. The better sort,
As thoughts of things divine, are intermix'd
With scruples, and do set the word itself
Against the word:
As thus—Come, little ones; *and then again*—
It is as hard to come, as for a camel
To thread the postern of a small needle's eye.

> *Thoughts tending to ambition, they do plot*
> *Unlikely wonders: how these vain weak nails*
> *May tear a passage through the flinty ribs*
> *Of this hard world, my ragged prison walls;*
> *And for they cannot, die in their own pride.**

Essas reflexões surgem do "estudo" de Ricardo para "comparar/ Esta prisão onde vivo ao vasto mundo". Burney faz um estudo semelhante, desejando descobrir o sentido que a pobreza pode fazer do mundo, quando fracassam os pensamentos ambiciosos, e o sentido das ficções da pobreza. A evidência é paradoxal, contraditória; a linguagem é instável; a palavra é posta contra a palavra; acima de tudo, o apetite por esperança e consolo é invencível. E a pergunta que sempre se deve fazer sobre tudo aquilo que oferece esperança e consolo é igualmente humana e imperiosa, e sem ela nada fará sentido por muito tempo: essas explicações e consolações podem ser "reconciliadas com aquela panela de sopa pútrida"?

Venho falando de Burney desta maneira discursiva para que, se quisermos, possamos pensar em seu livro como modelo de um confinamento solitário mais geral, de ficções e interpretações de seres humanos "cumprindo o tempo da sentença", imaginando fins e concórdias. "Os homens morrem porque não conseguem juntar o princípio ao fim", mas viver é tentar

---

* "Jamais os pensamentos se acomodam./ Os mais graduados, como os pensamentos/ Relativos a assuntos religiosos,/ De dúvidas se mesclam, provocando/ Conflito entre palavras./ Por exemplo: 'Deixai que os pequeninos/ Venham a mim'. E após: 'É bem mais fácil/ Um camelo passar pelo buraco/ De uma agulha do que eles alcançarem/ O reino de meu pai'. Os pensamentos/ Ambiciosos cogitam só de absurdos:/ Como estas fracas unhas abrir possam/ Uma passagem através das pétreas/ Costelas deste mundo, esta minha áspera/ Prisão. E, porque falham, morrem vítima/ Do próprio orgulho." William Shakespeare, *Teatro completo: Dramas históricos*. Trad. de Carlos Alberto Nunes. Rio de Janeiro: Agir, 2008. [N. T.]

fazê-lo. Nós nos damos sentido inventando o tempo crítico, como a sombra da empena. As ficções, no final, fracassam sob a pressão daquilo que James, em suas últimas palavras, teria chamado de "por fim, a coisa autêntica"; mas, enquanto isso, temos nossos jogos preditivos, nossos chistes familiares como *Lear*, nossos paradigmas antropomórficos do apocalipse; temos um projeto comum, a verdade na pobreza, e uma necessidade comum, a solidariedade de provação na diversidade de estado. A imaginação livre compõe enredos intermináveis sobre a realidade, tenta tornar nosso proporcional conveniente para nossos cálculos e equações; nosso senso comum nos faz ver que, sem paradoxos e contradições, nossas parábolas serão simples demais para uma pobreza complexa, consoladoras demais para consolar. Nosso estudo, como o de Ricardo, deve ter certa complexidade e certo sentido de fracasso. "Não consigo. Mas não paro de martelar a ideia", diz ele.

Então aqui estamos nós, no meio das coisas, reinventando o mundo de dentro de uma prisão, assim como Ricardo. A autonomia das formas, de que tanto ouvimos nas críticas do romantismo, do simbolismo e do pós-simbolismo, talvez seja outro lembrete do encarceramento: as formas autônomas que são chamadas de investigações sobre a autonomia das formas — grande parte da poesia moderna, reclamamos, trata da poesia moderna, e o novo romance é uma investigação sobre os romances — talvez reflitam nossa consciência de que, no fundo da cela, usamos as sombras apenas porque perdemos o tipo de confiança que nos permitia interessar-nos pelos fatos aparentes e pelas concórdias humanas. George Herbert, criando metáforas para a oração, chamou-a daquilo que em uma hora transformara o mundo de seis dias — e também a chamou de "uma espécie de melodia". Era um mundo de seis dias porque Deus o fizera em seis dias. A música tinha seis notas, uma para cada dia da criação, das quais cada melodia se expressava na harmonia. Toda harmonia tem essa estrutura hexameral (agora, pode ter uma estrutura dodecafônica na sequência arbitrária inventada na cela). De maneira bem semelhante, os enciclopedistas costumavam organizar todo o conhecimento humano como um comentário sobre os seis dias da criação. Organizá-lo em termos de um alfabeto é fazê-lo se conformar a uma formulação humana arbitrária, obsoleta na medida em que o que se busca no conhecimento são a concórdia, a proporção, a equação, vistas de uma cela erguida pelo absurdo. A grande ordem universal do Gênesis deu lugar ao vasto firmamento de Newton, e este, por sua vez, abre espaço para as sutis complementaridades da física moderna; os Evangelhos se submeteram às elaboradas harmonias da erudição patrística e, depois, à refinada concordância sinótica dos modernos; a aleatoriedade medieval é recomposta pela lógica do enredo aristotélico, a qual é modificada pelos dispositivos contralógicos do romance moderno, que trata o tempo e a causa como os trata o interrogador totalitário.

Tudo isso é, mais uma vez, um exagero, claro. Mesmo se fosse verdade que as formas que nos interessam constituam apenas a arquitetura de nossas próprias celas (o que nunca é totalmente verdadeiro), deveríamos admitir o fato de que elas, no fim das contas, nos agradam, talvez até nos abençoem — e isso não decorre do tom do que acabo de dizer. Mesmo que prefiramos descobrir algo sobre nós mesmos mais meditando sobre os recessos escuros de uma prisão de Piranesi que nos deparando com aquilo que Williams e Stevens chamam de "o clima", sentimos que encontramos nosso tema e, por um instante, nós mesmos. E sentimos também que, para nós, assim como para todas as outras pessoas, nosso mundo tem motivo e estrutura. Estamos cônscios de nossa trapaça e pomos palavra contra palavra; mas isso só quer dizer que está mais difícil conseguir a concórdia que ainda desejamos. Quando a conseguimos, sejam quais forem as circunstâncias, sentimos que encontramos uma realidade que, por um instante, resiste à investigação cética; mesmo em um mundo sem forma e sem fim, essa realidade tem — para tomar de empréstimo uma expressão estranha de Josef Pieper — "a característica de estar direcionada para o Fim". O que dificulta o triunfo é que ele deve levar em conta o mundo tal como o experimentamos: temos um caso de amor e ódio com a realidade, "estamos sempre voltando ao real", o que vai nos empobrecendo porque está em conflito com as concórdias que já alcançamos. Então parece que nos movemos com cada vez menos liberdade, damos cada vez menos serventia para a riqueza herdada.

Uma das razões desse empobrecimento, dessa crescente dificuldade de acesso aos paradigmas, é que agora está muito mais difícil, do que estava pouco tempo atrás, imaginar uma relação entre o tempo de uma vida e o tempo de um mundo. Falei em minha terceira palestra sobre esse problema em uma forma anterior. A versão moderna talvez seja muito mais inquietante. Os paradigmas fictícios de fato pertencem a um mundo em que a relação de início e fim não é muito tênue — o mundo de seis dias, o rígido esquema de mundo de Agostinho, a limitada escala de tempo de Ussher. O aumento enorme e repentino da escala da história tem sido muito mais preocupante que a revolução copernicana, da qual tanto se ouve falar no debate literário. O mundo de seis dias ainda era perfeitamente aceitável para contemporâneos de Jane Austen. Quando entrou em colapso, as ciências se libertaram: o que era uma dificuldade para as artes apresentava às ciências uma nova dimensão na qual podiam se refestelar.

O fato é que, uma após a outra, as ciências se voltaram para o temporal. A primeira foi a geologia e, depois, em meados do século, Darwin temporalizou as classificações espaciais da biologia. As outras ciências, entre elas a astronomia, vieram atrás. Em todos os casos, como Toulmin e Goodfield mostram em seu livro notável, a mudança provocou certo mal-estar, pois até mesmo na ciência pode haver um apego emocional aos paradigmas.[2] Enquanto isso, para todos, a origem e o fim do mundo retrocederam. "Não há Vestígio de um Começo — nem Perspectiva de um Fim", disse James Hutton já em 1790. Para a literatura e sua crítica, isso criou problemas que ainda não se resolveram, embora seja obviamente relevante que o romance tenha se desenvolvido enquanto o tempo do mundo se expandia e que os dois fatos estejam relacionados.

É provável que tenhamos de aceitar, ainda que sem muito estardalhaço, a transição histórica — relacionada a esse expandir do tempo — de uma literatura que presumia estar imitando uma ordem para uma literatura que supõe que precise criar uma ordem única e autônoma — e possivelmente alcançável só depois de um processo crítico que poderíamos chamar de "decriação". (Se não podemos fazer agora mais uma tentativa de nos deslocar para uma postura na qual não seria necessário criar nenhuma ordem, porque o consumidor o faria sem ajuda, desde que recebesse o incentivo certo e fosse colocado na situação certa, isso é um outro problema, mas, a meu ver, seria um erro.) Existem muitas maneiras de descrever esse deslocamento, algumas delas muito simples e dramáticas, cheias de lamentações e inferências extravagantes. Quanto a mim, dou grande valor a algumas páginas do livro de Earl Wasserman, *The Subtler Language* [A linguagem mais sutil], por oferecerem uma maneira aceitável de falar sobre o assunto.[3] Em seus termos, trata-se de uma passagem da imitação para algo mais ou menos parecido com a matemática — da *mímesis* para a *máthēsis*, da proposição para o número irracional. Assim, a *concordia discors* de "Cooper's Hill" reflete a filosofia política da monarquia limitada e implica um universo ordenado por freios e contrapesos semelhantes. A "linguagem mais sutil" de "The Sensitive Plant" [A planta sensível] se baseia em uma suposição diferente: a realidade dos sentidos e a realidade da metáfora se encontram em um ponto muito mais distante, inimaginável para a mente humana. Depois de tal mudança, a experiência de se sentir isolado da realidade ou de se mover em mundos não realizados — ou de cair de si mesmo, de desaparecer, de se agarrar desesperadamente às portas para refutar sua insubstancialidade — torna-se muito mais comum, um tema de investigação muito mais frequente. Na verdade, é o próprio prosaico de Wordsworth que tão efetivamente nos familiariza com um mundo sem dimensão, sem limites, resistente à mimese paradigmática, exigindo a decriação de velhas formas e modos de falar, operando em um modo temporal. Ele soa uma das notas características da literatura moderna e começa a deixar o modo quase espacial tão impróprio para a literatura quanto estava se tornando para as ciências.

A disciplina do medo é tão prosaica quanto a disciplina do amor: a primeira se funda em um senso de distância e estranhamento; a segunda, na identidade e no conforto. Daí se vê por que Wordsworth se demorou tanto naqueles velhos quase inertes, inúteis e sumamente pobres, mas de algum jeito identificados com a terra para a qual se curvavam, tão misteriosos quanto os poemas. Para ele, os poemas vão do medo para um momento de amor; mas precisam reconhecer a pressão do fato — e por isso o melhor da poesia de Wordsworth *contém* um estranhamento vertiginoso, um senso daquilo que mais tarde se chamou de absurdo, mas o transfigura com alegria. Trata-se, suponho, de uma maneira de estampar os "personagens do grande apocalipse" na aterrorizante infinitude do tempo. Os recônditos do poder, tanto para Wordsworth quanto para Proust, são os agentes da derrota do tempo: descobertos pela memória involuntária, puros de significado discursivo como a jovem com a jarra, fornecem a estrutura, o significado e o prazer que constituem nossa libertação do longo e disparatado atrito do tempo. Wordsworth fala dos tipos de vida criados aqui curiosa e lindamente como "existências [...] feito anjos detidos em pleno voo pelo som". Eles pertencem ao *aevum*, por assim dizer, momentos sempiternos que transcendem a vertiginosa sucessão do tempo do mundo. Essas necessárias "conversões de nosso *Lumpenwelt*", como Stevens as chama, são necessariamente o trabalho de anjos necessários.

Uma dessas "existências" é "Resolution and Independence" [Resolução e independência], a meu ver um poema muito bom e muito moderno. As dores peculiares que acompanharam a transfiguração de um incidente comum, mas inquietante, podem ser inferidas da carta de Wordsworth de 14 de junho de 1802 para Sara Hutchinson e das entradas do diário de Dorothy Wordsworth para o início de maio e 2 de julho daquele ano. O encontro com o catador de sanguessugas de fato ocorrera quase dois anos antes, em outubro de 1800. O homem estava dobrado ao meio: tinha sofrido um acidente de carroça que o deixara parcialmente incapacitado. John Wordsworth se perguntou se ele era judeu. Em termos tecnológicos, sua ocupação era mais primitiva até que a agricultura nas colinas, e a natureza, que já não era tão abundante em sanguessugas, reduzira-o à extrema pobreza ao mesmo tempo que o transformara em uma parte misteriosa da paisagem. Eles encontraram o velho perto de Ambleside, "tarde da noite, quando a luz estava se apagando".

O tipo de interesse que essa figura que tinha algo de espantalho despertou em Wordsworth foi tal que só um poema poderia satisfazê-lo. Ele tem grande dificuldade de falar a respeito e grande dificuldade de escrever o poema, em boa parte porque o velho fala, e o que ele diz tem a ver com a situação, mas apenas daquela maneira oblíqua com que as coisas prosaicas têm a ver com os poemas. Ele precisa incluir no poema aquilo que o velho diz, e é claro que fica um pouco tedioso, mas como o poema poderia funcionar sem essas falas? Sara Hutchinson lhe diz que não gosta do final. Aí ele se vê obrigado a tentar explicar que ela estava errada. "É próprio do personagem do velho contar sua história de uma maneira que o leitor *ansioso* necessariamente ache tediosa. Mas, meu Deus! Tal figura, em tal lugar...!" O velho deve dizer algo (dizer muito) — e a verdade é que diz mesmo, irredutível — mas, mesmo assim, ele deve *ser* algo completamente distinto, quase como um poema. Para Wordsworth, a tarefa é explicar a força dessa imagem: um homem "viajando sozinho entre as montanhas e todos os lugares solitários, levando consigo sua própria fortaleza e as necessidades que o estado injusto da sociedade lhe impôs".

Mas o poema diz pouco sobre essas coisas e, na verdade, não é "sobre" o catador de sanguessugas. É, como Wordsworth diz a Sara Hutchinson, sobre "um jovem Poeta [...] esmagado pelo pensamento dos reveses miseráveis que se abateram sobre os mais felizes dos homens, os Poetas". E também sobre "uma interposição da Providência" que deu a esse jovem um grau de resolução e independência, o poder de contemplar certa pobreza. No poema, o velho aparece em um momento de sonho, quando a mente do poeta e a paisagem matinal de repente se escurecem. Sua fala tediosa não é ouvida, embora seja relatada no poema, até que um movimento da mente do poeta o convence de que talvez seja uma graça peculiar, uma orientação vinda de cima; o velho então se funde com o charco e é metamorfoseado na pedra grande: o poema nunca pede para que se atente ao velho, mas sim à sua transfiguração. Tem um fim que poderia passar pelo fim de um poema mais simples, até mesmo um poema ruim; mas aqui se trata de um falseamento, uma trapaça na trama. O poema diz que o poeta, dali em diante, quando se sentir infeliz, poderá pensar nesse velho. Sempre tem alguém pior que você.

Ainda assim, mesmo no mais simples *faux-naïf* das *Lyrical Ballads* [Baladas líricas], Wordsworth pede para que o leitor sofistique a narrativa para ele. Mas, aqui, ele põe tudo no poema.

Na verdade, seu verdadeiro fim é a prova de que de vez em quando, como agora, somos deificados por nossos próprios espíritos; a graça peculiar é propriedade não tanto dos que vivem nas tumbas, mas dos poemas. Vem da intangível idade e obscuridade do mundo real esse momento extraordinário, com suas perspectivas complexas de passado e futuro. O poema começa com a perda da alegria e prossegue no confronto com o mistério da pobreza e da era tediosa — um confronto sem comunicação, pondo palavra contra palavra.

O fundamental não é nem mesmo a angústia contínua de Wordsworth — angústia que a natureza, outrora tão abundante fonte de poemas e sanguessugas, também deixará nas mãos do poeta, assim como deixara para o catador de sanguessugas a tarefa de "perseverar e encontrar onde possa". É verdade que, aqui, encontra-se o primeiro grande confronto da pobreza metafórica com a concreta — e que foi isso que produziu o sonho e o poema. Daí a extraordinária complexidade do fim: a pobreza do velho não muda, e ele continua inerte no charco; obviamente, não há nada que o poeta possa fazer a respeito, a não ser esperar que ele a suporte. E tudo isso é dito. Mas o poema termina em alegria, a alegria de seu próprio êxito em dar forma humana, verdadeira e original à pobreza.

Esse poema imita, por assim dizer, aquele movimento que Ortega também vê no romance, saindo de um mundo objetivo de mito para a consciência subjetiva que opera no tempo. O fato de o velho mundo ainda estar representado ali — de podermos encontrar um enredo simples no poema — é um testemunho do vigor, talvez da indispensabilidade dos paradigmas. Mas eles estão transfigurados, e uma das forças que fazem essa mudança é sem dúvida o sentido de passado de Wordsworth, a necessidade de encontrar poder em "recônditos" temporais. O crescimento da mente de um poeta — para ele, o verdadeiro tema de uma epopeia — não é mais o processo de captar as relações espaciais de um mundo de seis dias, fazendo dele um sábio curioso e universal, mas o processo de encontrar a si mesmo, por alguma graça peculiar, em tempo perdido. Nesse regresso sombrio, não há limites para o que a forma pode imitar. Era uma preocupação de De Quincey essa ausência de um desenho determinado, esse novo poder de fortuidade. Nessa situação, ele chamou o tempo de "mistério maior" que o espaço. E, como J. Hillis Miller explica em seu belo ensaio sobre o autor,[4] o anseio por uma experiência que carregasse o momento presente com os poderes intangíveis do passado e do futuro era um anseio satisfeito por aquilo que ele chamou de "o apocalipse do mundo dentro de mim" — um fim falso, quando o tempo não existirá mais, produzido pelo ópio. Esse é o triunfo sobre o tempo. Em suas tentativas de refletir, na sintaxe e no argumento, essa derrota da sucessão, De Quincey antevê muitos artistas posteriores, a poesia da imagem apocalíptica e do momento espacializado, e até mesmo aquele resgate de acontecimentos sempiternos do *chronos* que encontramos em Proust. Temos aqui as antecipações de uma literatura de crise perpétua, como em Kafka, que (nas palavras de William Phillips) "carrega cada experiência particular com a soma de todas as experiências". Mas De Quincey, ansiando por evidências externas de tal sempiternidade, admitia que não se pode ignorar perpetuamente as correções no texto do tempo; ele naufraga "numa miséria impotente", diz Miller, "miséria em que o 'eu' é mais uma vez um ponto solitário". E, quando a "visionária vida da manhã" consente em ser convocada, é "revivida contra um fundo de escuridão fúnebre". De Quincey sem dúvida via o horror onde os outros veem a profundidade dessa prisão da forma moderna, o lugar onde aceitamos conhecer o fato de que nossas formas herdadas de ecoar a estrutura do mundo não têm concórdia com ela, mas apenas — e sob condições de grande dificuldade — com os desejos de nossa própria mente.

    Deixem-me voltar por um momento a Christopher Burney dentro de sua cela. Ele descobriu essa imagem da arte moderna: inconcebível diversidade de estado sem solidariedade de provação. Que tipo de ficção poderíamos esperar a partir daí? Ficções as mais distantes possíveis do ritual, por certo, ou mesmo das formas que derivam do ritual, como a tragédia. Quanto ao *verismo*, nessas circunstâncias é estritamente uma questão de polícia. As ficções de Burney diziam respeito ao tempo e a um mundo onde a palavra se contrapõe à palavra seguinte. Tais ficções serão complexas, decerto, à prova de reduções discursivas; mas sobreviverão no tempo e mudarão, porque são necessárias ao sentido da vida, ainda mais quando os diagramas espaciais do mundo deram lugar aos temporais. O que me leva, por fim, à defesa do tempo e da mudança.

    Se existir uma arte da prisão atemporal, esta arte é a poesia. Que tantas técnicas críticas também pertençam à prisão atemporal é algo que pode se explicar historicamente pelo fato de a crítica "formal" estar muito mais associada aos poemas que aos romances. Diz-se que *A terra devastada* quer estar fora do tempo, embora, é claro, tenha um aspecto temporal; trata-se de uma forma progressiva, como diz Kenneth Burke, uma "temporização da essência". Os romances, contudo, por mais que mexam com o tempo, por mais que sobreponham camadas de tempo em busca de concórdia intemporal, estão sempre e de alguma maneira presos àquilo que Sartre chama de sua "irreversibilidade manifesta". Seus começos, meios e fins, por mais refinados que sejam, por mais que distorçam o paradigma, sempre o reencontrarão em algum lugar.

    Trata-se de um problema conhecido. "Os começos são sempre problemáticos", diz George Eliot.[5] E "as conclusões são o ponto fraco da maioria dos autores", ela acrescenta, observando que "parte da culpa reside na própria natureza do que se conclui, que é, na melhor das hipóteses, uma negação". Fielding, que detestava a forma epistolar, precisou reconhecer que esta trazia uma vantagem: libertava o escritor "de começos e desfechos habituais". A história se separa da crônica, fornecendo suas próprias estruturas; o romance se separa da narrativa simples. Assim se cria o problema dos começos e fins em uma forma que, paradigmaticamente, imita a forma do mundo. Os melhores começos são, portanto, os mais bem falseados, como na perfeita frase de abertura de *Uma passagem para a Índia* ou na ironia do início de *O morro dos ventos uivantes* (o "único vizinho com quem terei de me preocupar"). Os fins são fins apenas quando não são negativos, quando transfiguram francamente os eventos nos quais eram imanentes.

O fim de *Anna Kariênina*, por exemplo, recapitula o início doméstico. Vocês se lembram da abertura: "Todas as famílias felizes são parecidas, cada família infeliz é infeliz à sua maneira. Tudo era confusão na casa dos Oblónski [...]".* Mil páginas depois, na casa dos Liévin, "todos se sentiram no melhor estado de espírito possível". Liévin está ouvindo a teoria de Kóznichev sobre uma nova época do mundo, inaugurada pelas raças eslavas, quando sua esposa o chama para vir ao quarto das crianças. No caminho, ele pensa em outros grandes argumentos a respeito de Deus e da providência, problemas para os quais não tem resposta. No quarto das crianças, descobre que sua esposa só quer dizer-lhe que o bebê agora consegue reconhecê-los. Uma coisa que antes lhe parecia tão lastimável que não fazia mais que aumentar o estoque geral de ansiedade agora se tornava uma pessoa amada. No caminho de retorno para seus convidados na sala de estar, Liévin volta

---

* Tradução de Rubens Figueiredo (São Paulo: Cosac Naify, 2013) nesta citação e nas seguintes.

a se preocupar com Deus e com a salvação dos gentios. Mas o tipo de verdade que ele acabara de ver no quarto das crianças é o único ao seu alcance. Agora Kitty o interrompe e o despacha com uma incumbência. Ele não diz a ela que fez uma descoberta sobre a solidariedade da provação humana; em vez disso, feliz como o são todas as famílias felizes, a sua lhe dará o mesmo tipo de vida, cheia de contradições, de palavras postas contra palavras, de preces e brigas. Agora ele pode dizer: "toda a minha vida, a despeito de tudo o que possa vir a me acontecer, e cada minuto seu, não só não será absurda, como era antes, como terá também o incontestável sentido do bem, que cabe a mim infundir a ela". Nessa conclusão, Liévin fala pelo livro: tanto quanto ele, o livro precisa de uma família feliz por perto; precisa de personagens que deixam de ser coisas e se tornam pessoas; precisa ser investido por um poder que transfigurará os acontecimentos verossimilhantes que constituem seu curso temporal. E, assim como para Liévin, esse poder é um poder humano que provê uma verdade humana, talvez tão imprecisa quanto nossa maneira de falar sobre as estrelas ou as profecias do pan-eslavismo apocalíptico. Talvez, como Dostoiévski imaginava, Liévin "destrua sua fé mais uma vez [...] rasgue-se nalgum cravo mental de sua própria criação". Mas estamos interessados no fim não de Liévin, mas de *Anna Kariênina*, no falseamento humanamente necessário. "De fato, num sentido universal", diz James no prefácio a *Roderick Hudson*, "as relações não se detêm em lugar nenhum, e o problema primoroso do artista é eternamente desenhar, por sua própria geometria, o círculo em que elas *pareçam* se deter." E ele prossegue desta maneira, muito apropriada aos nossos intentos:

> O artista está no perpétuo dilema de que a continuidade das coisas é, para ele, todo o assunto, da comédia à tragédia; de que essa continuidade nunca se rompe e de que, para fazer

qualquer coisa, ele deve ao mesmo tempo consultá-la intensamente e intensamente ignorá-la.

Aí está o problema: consultar e ignorar a continuidade e, sobretudo, a sucessividade do tempo. Ignorando-as, fingimos alcançar as formas ausentes do mundo contínuo: regredimos em direção ao mito, para fora deste tempo e dentro daquele outro. Consultando-as, pomos palavra contra palavra e criamos a necessidade de concórdias difíceis em nossas ficções. Mas as ignoramos sob grande risco: quando, como diz Virginia Woolf, "a carcaça do dia se estica sobre a cerca viva", o romance está morto. O dia de Joyce em *Ulysses* conserva bastante carcaça; parece muito duvidoso que ele tenha partido do "pressuposto de que uma apreensão espacial unificada de sua obra pudesse, em última análise, ser possível", como afirma Joseph Frank,[6] pois o livro está cheio de coincidências que não são significativas, e há uma verdadeira indeterminação nas personagens que só pode implicar, observa Arnold Goldman, uma "rede cada vez mais espessa de contingência" — somos "forçados a arrastar as explicações definitivas até o fim do romance".[7] Existe uma polaridade entre estático e dinâmico; existe uma mimese de mudança, de potencial, bem como uma estrutura daquele tipo que chamamos de espacial. À medida que o livro avança, o desenho odisseico fica cada vez menos dominante: os dados que limitam a liberdade de Stephen se reduzem. Tempo e mudança, para desgosto de Wyndham Lewis, são empurrados de volta para as artes; o assalto à temporalidade na ficção teve êxito no "estado luminoso" do Vórtice, mas não teve êxito com a ficção. "Nosso Vórtice não suga a vida", publicou-se na revista *Blast*. Mas o romance tem de fazê-lo, embora de maneira refinada; não pode banir o tempo como Lewis o baniu, nem mesmo no grau em que o conseguem os poemas e a crítica; e é claro que também não pode banir a forma que gostamos de pensar como espacial.

Acredito que Burney, dentro de sua cela, vendo a sombra da empena e a incorporando a suas tentativas de fazer sentido, faça mais sentido que a forma espacial. Esta foi ficando cada vez mais sistemática e elaborada desde que Joseph Frank a nomeou e estudou sua história pela primeira vez. Seu "novo Laocoonte" implicava que, embora os livros pertencessem de maneira inevitável ao elemento do tempo, sua organização formal deveria ser apreendida como espacial; assim, seria possível lê-los duas vezes, por assim dizer, uma para o tempo e outra para o espaço. E Frank diz, com toda a razão, que boa parte da literatura moderna se concebe para ser apreendida dessa maneira. Ele acrescenta a respeito de Proust que o escritor "marcou seu romance indelevelmente com a forma do tempo", como prometera fazer; mas que, por vários meios, ele também "força o leitor a justapor imagens díspares espacialmente", de modo que obtenhamos aquilo que Ramón Fernández chamou de "espacialização do tempo e da memória".

Empregada dessa maneira, a "espacialização" é uma daquelas metáforas que tendemos a esquecer que são metafóricas, como a metáfora da forma orgânica. Marcel, ao considerar aqueles acontecimentos que lhe deram a pista para sua experiência e lhe restauraram, como ele mesmo diz, a fé na literatura, não está falando da forma espacial. Os prodígios de seu dia culminante fazem sentido para ele por uma dádiva de significado: o fim está em concórdia com aquilo que o precedeu. Mas as experiências reservadas para um significado permanente, extraídas do fluxo do tempo, não formam um padrão no espaço: elas pontuam aquela ordem de tempo, livre de contingência, na qual apenas o romance fundamental existe por inteiro, a *durée*, digamos assim, ou o *aevum*.

As formas no espaço, vale lembrar, têm mais temporalidade do que Lessing supunha, uma vez que temos de lê-las em sequência antes de sabermos que estão lá e de conhecermos as relações entre elas. As formas no tempo têm um aspecto espacial quase negligenciável (o tamanho do livro). Estudaríamos muito melhor suas inter-relações por meio de nossas maneiras usuais de relacionar passado, presente e futuro — maneiras sobre as quais falei em minha segunda palestra — do que pela substituição de um modo temporal por um modo espacial falso. A equação "entre um êxodo e retorno no tempo pelo espaço reversível e um êxodo e retorno no espaço pelo tempo reversível" é, como nos é dito na seção "Ítaca" de *Ulysses*, insatisfatória.

Temos nosso interesse vital na estrutura do tempo, nas concórdias que os livros organizam entre o começo, o meio e o fim — e, como concordariam os críticos de Chicago, com uma ênfase bem diferente, perdemos algo ao fingir que não. Nossas geometrias, nas palavras de James, são necessárias para mensurar a mudança, pois é na mudança entre origens e fins remotos ou imaginários que nossos interesses se fixam. Em nossa crise perpétua, temos, nas estações certas, talvez sob a pressão de nosso próprio fim, perspectivas vertiginosas do passado e do futuro, em uma liberdade que é a liberdade de uma realidade discordante. Essa visão de caos e absurdo talvez seja mais do que conseguimos suportar. Philip Larkin, embora fale baixo, fala de algo terrível:

> *Truly, though our element is time,*
> *We are not suited to the long perspectives*
> *Open at each instant of our lives.*
>   *They link us to our losses...**

---

* Em tradução livre: "Na verdade, embora nosso elemento seja o tempo,/ Não somos talhados para as longas perspectivas/ Que se abrem a cada instante de nossas vidas./ Elas nos ligam às nossas perdas...". Philip Larkin, "Reference Back". [N. T.]

O simples gesto de dar ordem a essas perspectivas já é fornecer consolo, como fazia o ópio de De Quincey — e as ficções simples são o ópio do povo. Mas chamamos as ficções fáceis demais de "escapistas". Queremos não apenas que elas nos consolem, mas também que façam descobertas sobre a dura verdade do aqui e agora, no meio das coisas. Não sentimos que estão fazendo isso se não conseguirmos ver a sombra da empena, se não conseguirmos ouvir as descobertas da dissonância, a palavra posta contra a palavra. Os livros que barram as longas perspectivas, que nos apartam das perdas, que representam o mundo da potência como mundo do ato: esses são os livros que, quando passa o efeito da droga, vão para a montoeira junto com as outras garrafas vazias. Os livros que continuam a nos interessar avançam pelo tempo até um fim, um fim que devemos sentir mesmo que não possamos conhecer; eles vivem em mudança, até que — coisa que nunca acontece — *como* e *é* sejam a mesma coisa.

Naturalmente, cada uma dessas ficções repetirá outras em certa medida, mas sempre com alguma diferença, por causa das mudanças em nossa realidade. Stevens fala do momento em que se sai da pobreza como "uma *hora*/ Cheia de felicidade exprimível, na qual não tenho/ Nenhuma necessidade". Mas a hora passa; a necessidade, nosso interesse em nossa perda, retorna; e, de outra experiência de caos, surge nova forma — uma forma no tempo — que satisfaz tanto por ser repetição quanto por ser inédita. Então, duas coisas parecem ser verdadeiras: a primeira, que o poeta está certo em falar de seu gigante como "sempre mudando, vivendo em mudança"; a segunda, que ele tem razão ao dizer que "o homem-herói não é o monstro do excepcional,/ Mas é o maior mestre da repetição". Além disso, o poeta está certo sobre uma outra coisa que, para nós que somos homens médios, vivendo uma realidade que é sempre fevereiro, parece ser a mais importante de todas. Se ele estivesse errado aqui, teríamos de fechar nossos livros de poesia e ler alguém falar sobre a Necessidade:

> *Medium man*
> *In February hears the imagination's hymns*
> *And sees its images, its motions*
> *And multitudes of motions*
>
> *And feels the imagination's mercies. [...]**

---

* Em tradução livre: "Homem médio/ Em fevereiro ouve os hinos da imaginação/ E vê suas imagens, seus movimentos/ E multitudes de movimentos// E sente as misericórdias da imaginação [...]". Wallace Stevens, "Imago". [N.T.]

Epílogo

Esta nova edição de *O sentido de um fim*,* impelida pela proximidade do milênio, me dá a chance de relembrar as circunstâncias de sua primeira publicação e fazer alguns comentários sobre seu tema. Eles refletirão necessariamente algumas das diferenças trazidas por grandes mudanças no mundo em geral e, sem dúvida, também serão influenciados pelas inevitáveis diferenças de perspectiva em um autor 35 anos mais velho que na época em que escreveu o livro. Ao longo desses anos, pensei muitas vezes nos tópicos abordados e atentei para as críticas a respeito, mas devo dizer que não encontrei bons motivos para rejeitá-lo inteiramente.

No outono de 1965, quando proferi as palestras que compõem *O sentido de um fim*, o término do presente milênio ainda parecia muito distante; mas ninguém conseguia ignorar a iminência de eventos que, sem muito exagero, poderiam ser caracterizados como apocalípticos. A crise dos mísseis cubanos e o assassinato do presidente Kennedy eram acontecimentos bastante novos, a Guerra Fria continuava muito fria e palavras como *megadeath*** eram moeda corrente; o fato de essa palavra já não aparecer na segunda edição do *Oxford English Dictionary* (1989) talvez sugira uma mudança de clima, um arrefecimento,

---

* Epílogo escrito em 1999 para a edição do ano 2000. [N.E.]   ** Algo como "megamorte", ou seja, o número de 1 milhão de mortes. Costumava ser empregado em conexão com a guerra nuclear. [N.E.]

embora temporário, da ansiedade apocalíptica depois daquela época. A guerra no Vietnã estava se agravando a passos rápidos. Os tumultos raciais em Watts, que custaram muitas vidas, pareciam prefigurar convulsões ainda mais desastrosas do mesmo tipo. Parecia mais que meramente possível que estivesse para chegar um momento ruim, talvez até um momento terminalmente ruim. Tudo isso demonstra ao menos que o apocalipse pode florescer por conta própria, a despeito dos milênios. De uma forma ou de outra, seus terrores e apreensões podem nos ameaçar a qualquer tempo. Afinal, a possibilidade de desastres pessoais nunca está de todo ausente de nossa vida e, se for preciso dar substância adicional às nossas ansiedades, o mundo, em qualquer período, decerto a proverá.

Não há nada de novo nisso. Ainda me lembro bem de uma professora da Bryn Mawr contestando minha observação de que nossos medos, concentrados na guerra nuclear, não seriam mais agudos que os de nossos ancestrais, pois eles também haviam esperado ou experimentado manifestações aterrorizantes, presságios horríveis, exércitos no céu e por aí vai. Também tinham sido repetidas vezes alertados, sob autoridade que não ousariam questionar, dos inescapáveis terrores dos Últimos Dias. Minha colega da Bryn Mawr insistiu que havia uma diferença óbvia e importante entre nós e essas pessoas medievais: nossos medos eram reais. Okinawa e Nagasaki tinham sido destruídas, bombas muito mais devastadoras vinham sendo testadas com sucesso, e nós sabíamos o que elas eram capazes de fazer. Em suma, todos tínhamos uma ideia horripilante e bem informada das consequências de um ataque nuclear, ao passo que os terrores daquelas pessoas medievais, sem o respaldo de nenhuma evidência assim tão sólida, eram apenas fantasias.

Esse argumento parecia e ainda me parece evidentemente equivocado. Quem disse que as fantasias não podem ser terríveis? O terror não depende de uma estimativa precisa da ameaça.

É algo que deveria ser óbvio para qualquer um que tenha sofrido com medos infantis. Dos medos que nos assaltam mais tarde na vida, alguns sem dúvida são bastante reais, enquanto outros, como descobrimos com alívio, não têm fundamento. Então, a perspectiva do fim do mundo — seguida pelo Juízo Final e pelas torturas da danação, tudo representado com vividez em muitas igrejas e reforçado por sermões apavorantes — deve, em todo caso, ter sido bastante real, até mesmo incontestável, nem um pouco menos infalível que o destino que acreditávamos estar nos ameaçando.

Hoje parecemos menos estarrecidos com nosso conhecimento da bomba do que ficávamos nos anos 1960. Talvez tenhamos simplesmente nos acostumado com a ideia; ou talvez o fim da Guerra Fria tenha apaziguado a mente sempre disposta a receber essa remissão. Se estamos certos em ser tão complacentes é outra coisa. A questão não tem relevância para meus interesses neste livro, por isso não vou me aventurar a enfrentá-la, exceto para dizer que nossa calma é mais uma demonstração de que não há um nexo *intrínseco* entre o apocalipse e o milênio. Vivemos os terrores quando o milênio mal estava em nossos pensamentos e, agora, precisamos contemplar o milênio com muito menos pressão imediata dos terrores, embora eles possam retornar com força, sem dúvida. Eles não pertencem a nenhuma época em particular e podem tomar tanto a forma que assumiram para nós trinta e poucos anos atrás quanto a que receberam cinco séculos antes, digamos, nos afrescos de Signorelli em Orvieto ou de Michelangelo na Capela Sistina — ou, ainda, qualquer outra forma que nós, com a cooperação do mundo onde precisamos viver, podemos lhes dar agora e seguiremos lhes dando muito depois que o alvorecer do segundo milênio for apenas uma memória distante. Afinal de contas, os iniciados, com grande autoridade, chegaram a apontar 1666 e 1842 e muitas outras datas como aquelas destinadas a acomodar o Fim, ainda que, para quem está de fora, possam parecer produtos do acaso ou de cálculos absurdos, aceitáveis apenas para pessoas ignorantes e guiadas de algum jeito trágico ou farsesco.

No entanto, antes que alguém se regozije com essa separação nítida entre apocalipse e milênio, é necessário acrescentar que as associações históricas entre essas ideias, mesmo que sejam um óbvio produto da atividade imaginativa inculta, tornaram-se cada vez mais fortes pelo costume e pela duradoura e ainda não extinta autoridade da Bíblia. É por isso que tantos cristãos fundamentalistas tentam fundir o milênio no apocalipse e celebrar o ano 2000 d.C. — às vezes também chamado de Bug Y2K — como a data após a qual o tempo não existirá mais. Diz-se que muitos pretendem visitar Israel (alguns, como li em janeiro de 1999, já chegaram lá) para assistir a tudo acontecendo na antiga localidade de Armageddon (atual Megiddo) ou mesmo para fazer o que puderem para que tudo aconteça o mais próximo possível do relato profético fornecido, com detalhes alegóricos reconhecidamente nebulosos, por são João. Como observa Bernard McGinn,

> o conflito de interpretações entre leituras acadêmicas [da Revelação] que se desenrola, por um lado, em escolas de divindade e religião e em departamentos de inglês e, por outro, na massa de leitores em geral [influenciados por Hal Lindsey ou Billy Graham, por exemplo], agora deve estar maior que nunca.[1]

Só podemos imaginar que haverá uma demonstração em massa do fenômeno identificado em menor escala por Leon Festinger e descrito no capítulo de abertura, páginas atrás: quando a predição é desmentida, algumas almas fracas podem abandonar a profecia fundamentalista, mas a maioria voltará aos números bíblicos, que oferecem um escopo de previsão indefinidamente amplo, e definirá uma outra data, dessa vez não relacionada ao milênio.

Um texto sempre parece ser negligenciado: "Quanto à data e à hora, ninguém sabe, nem os anjos no céu nem o Filho, somente o Pai" (Marcos 13:32, Mateus 24:30). Marcos fornece um relato vívido da "tribulação" que deve preceder o fim, mas não fará mais que dizer que o fim, embora sem dúvida próximo, ainda não chegou. A advertência se repete em Atos 1:7: "Não vos pertence saber os tempos ou as estações que o Pai estabeleceu pelo seu próprio poder". Mesmo o vaticínio do autor da Revelação (nas primeiras palavras de seu livro) não é específico: ele se compromete apenas a mostrar o que deve se suceder em breve, embora chegue a proporcionar uma gama de enigmas matemáticos que tradicionalmente induziram e frustraram previsões exatas. É um jogo curioso, um exercício de interpretação literal e numerológica imposto às deliberadas obscuridades de um texto escrito dentro de uma tradição judaica de apocalipses turvos, capaz de oferecer algumas coisas que parecem pistas, mas sempre sonegando respostas. O jogo precisa nunca se encerrar e parece ter sido importante o suficiente para ser jogado, em certo nível, por matemáticos geniais como Napier, inventor dos logaritmos, ou Newton e, em outro nível, por qualquer ignorante com acesso a uma Bíblia. Quase qualquer predição pode ser justificada com alguma referência ao livro do Apocalipse e, se necessário, o auxílio sempre à mão das profecias de Daniel no Velho Testamento e de outros textos apocalípticos nos evangelhos e epístolas. E o apelo do decimal — com o apoio da equação judaica que diz que um dia é igual a mil anos — garante que as datas milenares sejam tomadas como contadores válidos no jogo, sendo esse o ponto em que o apocalipse e o milênio podem se fundir. As datas devem ser previstas e, se uma data milenar estiver dentro do intervalo, servirá muito bem.

Parece improvável que os leigos medievais se preocupassem muito com a busca por uma data de calendário na qual haveria de chegar o fim do mundo. Seus clérigos insistiam com tanta urgência na certeza desse fim que é provável que só achassem que era algo iminente, sem necessidade de data precisa. E, na medida em que se tratava de uma grande imagem da própria morte e julgamento de cada indivíduo, era, no final das contas, exatamente isto: iminente. Os eruditos podiam trabalhar com as somas bíblicas e definir uma data oportuna, bastante próxima dos seus próprios dias e não necessariamente milenar. Em termos relativos, poucas pessoas têm a sorte, se é que se trata de sorte, de viver para ver uma data como 1000 ou 2000; mas todas, independentemente de sua vontade de florescer, têm de aceitar um apocalipse pessoal. Como observou Santo Agostinho, as ansiedades quanto ao fim são, no final, ansiedades quanto ao próprio fim; muito antes de meu livro, ele sugeriu que o apocalipse, até então imaginável como iminente, podia se fazer imanente.

Como a maioria das pessoas, supõe-se, entende que a conexão entre apocalipse e milênio só pode ser fortuita, o leve alvoroço de ansiedade ou interesse induzido pelo ano 2000 é (exceto para os fundamentalistas, que, em todo caso, confiam que serão levados para segurança antes do Armagedom) apenas um tênue vestígio moderno de um pavor maior e mais antigo, pertencente a uma compreensão muito diferente do mundo e do tempo. A data com certeza parece estranha depois de termos arraigado o hábito de iniciar datas com 19_, e pode ser que recebamos o ano 2000 da mesma maneira que no Hogmanay os escoceses dão as boas-vindas ao *first-foot*, a primeira visita a entrar na casa da família no dia de Ano-Novo, de quem se espera que traga presentes que simbolizem calor e sustento.

O que não podemos dizer é que o milênio seja de alguma forma mais real, faça mais parte da natureza das coisas que o apocalipse, o qual poderíamos descartar como fantasia. O milênio é resultado de uma longuíssima série de manipulações de uma cronologia inteira artificial. Sabemos que a história do mundo é ininteligivelmente mais longa que os 6 mil anos aceitos pela autoridade bíblica. E também sabemos que o ano 2000 chega 2 mil anos depois de nada em particular. O fato de atribuirmos à data mais que a importância meramente calendárica é consequência de algo que vai muito mais fundo, e esse fato merece alguma consideração no contexto do livro a que faço este apêndice. A razão pela qual qualquer data, sob quase qualquer pretexto, pode ser suficiente para desencadear alguma ansiedade apocalíptica é que o apocalipse, mesmo em suas formas mais modernas e menos lúgubres, ainda carrega as noções de uma decadência e possível renovação, ainda representa um estado de ânimo por fim inseparável da condição de vida, a expectativa de seu necessário fim, o desejo inerradicável de dar algum sentido. E, aqui, o mito do milênio (pois, assim como outras crenças mencionadas acima, trata-se de algo que degenerou de ficção em mito) pode oferecer alguma ajuda ao apocalipse, entendido nesse sentido mais amplo.

Pode-se atribuir a mistura de milênio com apocalipse sobretudo à Bíblia, na qual a profecia apocalíptica muitas vezes é associada, ainda que obscuramente, a certas datas ou intervalos de tempo. O Salmo 90:4 ("Pois mil anos são aos teus olhos como o dia de ontem que já passou") e 2 Pedro 3:8 ("[...] para o Senhor um dia é como mil anos, e mil anos como um dia") autorizavam a suposição de que, se Deus criara o mundo em seis dias, a história de sua criação duraria 6 mil anos e seria seguida por um Sabá milenar, análogo ao sétimo dia, quando Deus descansou. Era uma ideia que conferia dignidade especial às datas milenares. Os períodos de mil anos equivaliam a um sexto de todo o tempo que já houvera ou haveria, e é claro que o sexto período tinha de ser o último. O momento de passar de um período de tempo ao próximo, sobretudo porque talvez não houvesse outro ao qual passar, continuou crucialmente interessante. Havia, é óbvio, a necessidade de meios de medição do tempo histórico, para que se pudessem identificar tais momentos críticos.

A evolução do calendário pelo qual mensuramos o tempo histórico tem sido um assunto muito complexo e trabalhoso.[2] O calendário de Júlio César teve de ser aperfeiçoado de maneira progressiva à medida que caía cada vez mais em descompasso com o ano natural. O papa Gregório XIII fez uma revisão desde muito necessária em 1582 (ainda não totalmente perfeita, pois seu ano é cerca de 26 segundos mais rápido, e no devido tempo será preciso fazer uma nova revisão). Os usos religiosos do calendário também tiveram de ser resolvidos. O século VI testemunhou o início do sistema ainda vigente, pelo qual se estabelecem as datas em termos de anos antes e depois do nascimento de Cristo, a.C. e d.C. Aqui se observam mais falhas, causadas, pelo menos em parte, porque o sistema surgiu antes que os calculadores conhecessem o zero, que deveria ser a data entre os anos 1 a.C. e 1 d.C.

Ainda se ouvem queixas sobre o calendário, sobre a distribuição desigual dos dias pelos meses, sobre o fato de os dias da semana caírem de maneiras diferentes em anos sucessivos e assim por diante. O arranjo a.C./d.C. é estranho, envolve contagem regressiva de um lado e contagem progressiva do outro. Vários séculos se passaram antes que o sistema alcançasse algo semelhante a uma anuência geral no mundo cristão, e é claro que, de início, só se aplicava nesse domínio. Ainda assim, funcionou razoavelmente bem, tanto para propósitos religiosos quanto para mundanos. Tempos depois, esse sistema foi secularizado (muitas pessoas, em particular nos Estados Unidos, agora optam pelos prefixos BCE e CE, "antes da era comum" e "era comum", nas siglas em inglês). Mas, como ainda datamos toda a história de um ponto de partida que também é a data inaugural de uma religião — uma religião com forte associação ao poder político e imperial —, persiste o nexo entre o calendário e as profecias derivadas dessa religião e seus livros sagrados.

É fato importante que nosso ponto de partida tenha sido também o momento em que as consequências da Queda foram remediadas pela Encarnação. Uma nova série de tempo se iniciava e, de alguma forma, pelo menos em potencial, tinha uma qualidade diferente: a Encarnação implicava a intervenção de Deus no tempo humano, depois da qual nada poderia ser exatamente como era. Nenhum ano é tão importante quanto o primeiro, ainda que, para pessoas acostumadas ao sistema decimal de contagem, as datas centuriais e milenares sirvam não apenas como convites claros para celebrar com especial vigor o aniversário de Cristo, mas como memoriais daquela imensa transvaloração do tempo. Essas pessoas celebram também o momento-chave de trazer o novo, o momento em que a decadência termina e a renovação pode começar, o momento que oferece ocasião para o aperfeiçoamento pessoal ou coletivo. O fim de um século ou milênio, ainda mais que o fim de um ano, pode ser tomado como tal ocasião: algo que não se repete no tempo de uma vida, que pode proporcionar fim ao longo processo de declínio e trazer uma nova ordem, que se apresenta como um momento propício para a purificação e a renovação. Assim, o milênio é uma ficção calendárica que disponibiliza novas atitudes diante do tempo e sua passagem. Para os religiosos, pode ser aceito como subproduto de algo extremamente importante, a descida divina à história. Já outros podem dizer que seu interesse reside mais na maneira pela qual facilita o desenvolvimento e a expressão de ideias ou sentimentos já existentes na mente humana.

Em apoio à última hipótese, é claro que se pode argumentar que a necessidade e o desejo de um novo começo talvez sejam muito mais antigos que o cristianismo. Seria possível mencionar celebrações anteriores da viragem do tempo, marcadas por eventos mais ou menos espetaculares do mundo natural: o ciclo lunar, o cortejo das estações, em especial o renascimento que a primavera representa. O calendário, uma vez acolhido o conceito, adotou e afetou tais celebrações, como sabemos pelos longos debates na igreja primitiva a respeito do dia da Páscoa. A prática de marcar a virada do tempo é certamente antiga e sobrevive até hoje. Às vezes tratamos o 1º de janeiro (data que adquiriu importância para nós só depois que passou a ser considerada a abertura do novo ano, substituindo o 25 de março) como algo de significado apenas secundário — em termos litúrgicos, não tem grande importância, é apenas a festa da Circuncisão, só mais um dia dos festejos natalinos. Mas, mesmo assim, trata-se de um dia especial e tem uma aura meio pagã. Quando os habitantes do cinturão celta fizeram dele sua maior festividade de inverno, talvez estivessem vagamente cônscios de suas origens pagãs e até tenham se lembrado de que o dia inaugura o mês de Jano, o deus com rostos nas partes de trás e da frente da cabeça. Assim, olhando para o antes e o adiante, para o que finda e o que começa, ele preside a virada do tempo. E se um novo ano é digno de um deus e responde a tamanha complexidade de demandas, imaginem um novo milênio.

Quando celebramos esses momentos de transição, de qualquer maneira que seja, estamos seguindo o exemplo de muitas gerações antepassadas. Esses momentos pontuam e mensuram nosso tempo e nossa vida: são os ancestrais ou congêneres de muitas outras ficções que usamos para dar sentido a nossa vida e ao nosso mundo. Pois, para dar sentido a nossa vida daqui de onde estamos, presos no meio das coisas, por assim dizer, precisamos de ficções de começos e ficções de fins, ficções que unem início e fim, conferindo significado ao intervalo entre um e outro.

Chamei-as de "ficções-concórdia", tomando-as como enredos de romances, que muitas vezes terminam com uma aparência de concórdia ou, na ficção moderna, uma recusa dessa aparência no interesse daquilo que chamei de "ceticismo letrado". Houve protestos contra alguns de meus argumentos, em especial aquele que distingue mito e ficção, sendo o primeiro uma ficção não conscientemente tida por fictícia e, como tentei explicar, perigosa por esse motivo. Também houve reclamações sobre o paradigma do tique-taque, no segundo capítulo.[3] Não me sinto muito arrependido de ter levantado essas lebres, uma vez que, por si mesmas fictícias, elas permitiram que eu e outras pessoas pensássemos de maneira diferente sobre a ficção em geral. Algumas das noções aqui expressas receberam o erudito tratamento de Paul Ricœur, em seu vasto estudo do tempo e da narrativa, e de Wolfgang Iser, que desenvolve e qualifica a ideia de ficção de concórdia, tornando-a, creio, bem mais útil.[4] E ficções devem se tornar as mais úteis possíveis antes de ser descartadas (capítulo 3).

Talvez por ter sido escrito trinta e tantos anos cedo demais para que pudesse me preocupar muito com o milênio, *O sentido de um fim* lidou apenas incidentalmente com as questões de calendário. Seu olhar se dirigiu muito mais para a escatologia e, de maneira muito geral, para as Últimas Coisas, em consonância com a observação de Blake citada na epígrafe do primeiro capítulo: o Juízo Final contemplado "pelo Olho Imaginativo de Cada um segundo a situação que ocupe". Para Blake, essa visão ocorre apenas quando "imaginação, arte e ciência e todos os dons intelectuais [...] são tidos por inúteis".[5] Ou seja, ocorre em um momento de crise ou transição e anseia uma renovação que se siga a uma decadência, aqui representada como o declínio da vida da mente. Acima de tudo, a visão depende dos poderes imaginativos de cada indivíduo; é um tema comum, assim como a morte, ou talvez nem se possa distingui-lo enfim da ideia de morte, uma vez que a morte pode ser considerada por "cada um" sob condições de privacidade criativa.

Essas visões do Juízo Final, sob qualquer forma que apareçam para o indivíduo, decerto pertencem a uma ordem de tempo distinta da meramente sucessiva. Devemos levar em conta esse e muitos outros desvios do tempo do relógio, da mera sucessão. É o que Macbeth quis dizer com "sucesso" quando falou que seria bom enredar "a consequência e apanhar,/ Com sua cessação, *sucesso*" — ele estava pensando que lhe seria bom se o tempo parasse, se as consequências cessassem no momento em que ele matasse Duncan. Mas, como Macbeth sabia muito bem, isso não aconteceria: enquanto ele vivesse, haveria consequências. Shakespeare observou em outro lugar que "o tempo, embora domine todo o mundo, tem de ter parada",[6] mas é apenas pela própria morte que esse fechamento se faz possível. O assassinato simplesmente não funciona; pode dar certa distinção ou altivez ao momento do crime, fazer dele um *kairós* perverso, mas, depois, é preciso viver o dia a dia, agora sobrecarregado de consequências, de culpa e medo, de sonhos terríveis. O assassinato é um momento importante, sem dúvida, algo destacado dos momentos comuns, mas é improvável que o assassino comemore seus aniversários.

Aniversários, efemérides, dias santos — todos são (ficticiamente, sob as graças, por assim dizer, de *kairós*) distintos de todos os outros dias. O ano do milênio sem dúvida é um desses dias. Em certo sentido, jamais existiu tal ano, tal data: o ano 2000 d.C. é uma celebração aberta a todos, como o ano 1000 d.C. não pôde ser, uma vez que era identificável quase que apenas pelos alfabetizados.

Continuo interessado na ideia, mencionada no capítulo 2, de que dentro do tempo humano se pode distinguir entre o *chronos* da mera sucessão e o *kairós* dos dias santos e feriados, tempos e estações que se destacam (dias em letra vermelha, como se costumava dizer) por pertencer a uma ordem temporal diferente. Era minha convicção que, ao nos referirmos ao som do relógio não como "tique-tique", mas "tique-taque", substituímos o evento acústico por uma ficção, distinguindo entre a gênese do "tique" e o apocalipse do "taque" e conferindo ao intervalo entre os dois um significado que, de outra forma, lhe faltaria. O fim fictício purga o intervalo da cronicidade simples e alcança uma "integração temporal" — converte a lacuna em um *kairós*, carregando-a de sentido. Pode-se dizer, portanto, que temos aqui um pequeno modelo de todos os enredos. Até seria possível estender essa ideia de transformação fictícia para argumentar que o Novo Testamento não era simplesmente um novo conjunto de narrativas e instruções, mas, sim, o "taque" em resposta ao "tique" inicial do Velho Testamento, tirando toda a Bíblia da mera sucessão e, ao lhe dar um enredo inteiramente novo, convertendo-a de *chronos* em *kairós*.

Vejo que fui um pouco tímido quanto a essa ideia e recuei da alegação de que o nexo entre os Testamentos era tão completamente tipológico que tais alegações poderiam ser feitas com verdadeira confiança. No entanto, não se pode negar que, quando os cristãos assumiram o controle da Bíblia judaica, eles a converteram em outro livro, um ato extraordinário de imaginação fictícia.

Mudei meu olhar sobre essa transformação. Desde a perspectiva cristã, o verdadeiro nexo entre os Testamentos *é* de fato tipológico: as narrativas da Paixão têm suas origens narrativas em tipos do Velho Testamento, ponto do qual recuei e mais tarde passei a aceitar.[7] Haveria poucos motivos para mencionar essa mudança de ideia se meu posicionamento anterior não tendesse a obscurecer a importância da transformação efetuada pelos evangelistas: seu relato do final (e eles acreditavam que estivessem vivendo perto do fim, que sobre eles se assomavam os fins do mundo [1 Coríntios 10:11]) é o que faz de toda a Bíblia um livro cujo sentido posterior não poderia ter sido previsto antes que se fornecesse esse final. O livro agora é um todo, começando "No princípio" e, como a Revelação vem por último, findando no final, para que todo o vasto acervo tenha unidade e faça sentido, algo que se alcança justamente por essa ficção transformadora. O suceder sem-fim das narrativas originais é abolido: há uma *peripeteia* que revira tudo e dá sentido e completude (*pleroma*, como a chamei) a toda a obra.

Não devemos pensar que esse estilo de transformação seja único. Interpretar narrativas costuma envolver algum tipo de manobra transformadora, como acontece quando encontramos ou buscamos significados alegóricos ou fazemos leituras "sintomáticas" que descobrem aquilo que, debaixo de todas as aparências, pode ser tomado como um verdadeiro sentido do texto. O hábito é antigo; uma de suas formas modernas é a interpretação do psicanalista, quando, naquilo que parece ser uma tediosa sucessão da fala do paciente, algo significativo se revela ao ouvido experto, algo cuja existência ansiada é o motivo crucial, senão o único, para se ouvir todo o resto. Assim, na fala do analisando, descartável e limitada pelo horário, expõe-se o que verdadeiramente existe em outro reino de tempo, um signo intemporal que pode tomar parte dentro de um padrão que não diz respeito ao *chronos*. Trata-se de doutrina básica: o inconsciente desconhece o tempo e não tem nada a ver com a eternidade; habita aquele entremeio que poderia ser chamado de *aevum*.

É uma palavra estranha, e acredito que esse seja um dos motivos pelos quais talvez tenha sido a menos discutida das ideias que apresentei em 1967. Mesmo assim, o conceito ainda me parece algo que vale a pena levar a sério. É claro que o empreguei em um sentido amplo que pode soar voluntarioso, e a crença que nele deposito não pode ser do mesmo tipo que suscitou na teologia medieval. Os anjos requisitavam sua própria ordem de tempo porque não eram seres puros: não participavam da eternidade de Deus, embora fossem (na maioria das interpretações) imateriais, agindo no tempo, mas não sob ele. Imutáveis, não sujeitos ao tempo, os anjos eram, todavia, capazes de atos de vontade e intelecto, pelos quais se produz mudança no tempo. São Tomás de Aquino deu à necessária ideia de um *medium inter aeternitatem et tempus* este nome: *aevum*. A ideia teve uma longa história e foi útil para os teóricos do direito que lidavam, por exemplo, com monarquias (quando o rei morre, sua majestade sobrevive e pertence ao *aevum*) ou com corporações, que têm uma espécie de imortalidade, pois sobrevivem a seus membros mortais.

Mas a ideia também pode ser aplicada àquilo que chamei de "homens em certas posturas de atenção". Tentei estendê-la ao tempo das personagens de romances e, assim, iluminar as relações entre nosso senso de tempo real e nossas concessões às diferentes estruturas temporais dos romances, com sua inevitável preferência por *kairós* a *chronos*, a que se devem fazer, no entanto, alguns outros gestos e concessões.

Talvez esse avanço de uma ficção até se tornar um instrumento para a interpretação de ficções pareça um pouco elaborado demais; mas o propósito das ficções heurísticas, independente de seu conteúdo, é fazer seu trabalho e ser abandonadas: elas são "conscientemente falsas". Hoje, acredito que o *aevum* possa fazer ainda mais do que originalmente propus, uma vez que podemos usá-lo para significar o reino dos *kairoi* não apenas das histórias, mas da vida humana comum, e até mesmo do calendário.

O texto original deste livro contém outros argumentos e trata de vários assuntos aos quais não retornei neste epílogo.

De maneira geral, ainda estou de acordo com o que falei a seu respeito e, mais enfaticamente, com minhas observações sobre Shakespeare e Spenser no terceiro capítulo. Não me arrependo da devotada atenção que prestei a Christopher Burney no capítulo final. E, relendo o livro todo, fico impressionado com a onipresença de Wallace Stevens. É verdade que, naquela época, minha cabeça estava cheia de Stevens, tanto que meu amigo, o falecido John Wain, outro admirador de Stevens, descreveu o livro como uma carta de amor ao poeta. Desde aqueles dias, mantive minha proximidade com Stevens e, se lhe escrevi uma carta de amor, não me envergonho nem por um momento e, inclusive, o homenageei em várias obras posteriores. Ele continua sendo o poeta que me fala mais de perto quando me vejo no estado de ânimo propício. Stevens compreendia as ficções e o esplendor associado à noção de *kairós*, um esplendor que às vezes associava às estações (*kairós*, afinal, quer dizer "estação"). Também entendeu que a imaginação está sempre no fim de uma era e que "Um dia enriquece um ano". Sabemos o que teria dito sobre o milênio: servirá como imagem daqueles dias diferentes de todos os outros dias. Sobre o solstício de verão, escreveu que era

> [...] *the last day of a certain year*
> *Beyond which there is nothing left of time.**

Pode ser qualquer dia em que a sucessão pareça se deter, para ele qualquer dia de bem-aventurança presente, de poesia e apoteose. A permanência de tais dias ou momentos é ilusória; como diz o poeta Les Murray sobre a experiência poética: "Podemos senti-la repetidas vezes — e a cada vez eternamente,

---

* Em tradução livre: "[...] o último dia de um certo ano/ Além do qual não sobra nada de tempo". Wallace Stevens, "Credences of Summer". [N. T.]

mas é difícil tomá-la com constância, sustentá-la".⁸ E é claro que o dia ou o momento pode, em sua diferença, estar longe de ser abençoado.

Sugeri que os livros são "modelos fictícios do mundo temporal". Embora essa observação deixe muito mais por se dizer (veja-se o que diz Iser sobre a importância do imaginário),⁹ há uma ressalva importante: a adequação de tais modelos depende de seu respeito ao "tempo real"; isto é, eles não funcionarão como puro *kairós*, pois isso seria falso para nosso senso de temporalidade, uma sucessão prevalecente da qual todos nós, desde que sãos, somos tão conscientes quanto da diferenciação dos *kairoi*. Acabei identificando esses momentos, de maneira um tanto empertigada, como algo caracterizado por um "prazer regressivo", acreditando que as histórias precisam de uma dose de realidade para se fazerem aceitáveis, uma dose, disse eu, que precisa crescer com o passar do tempo. O ponto crucial é que, da mesma forma que o fim da Bíblia transforma todo o seu conteúdo, nosso sentido de um fim, ou necessidade de um fim transforma nossas vidas "entre o *tique* do nascimento e o *taque* da morte". As histórias simulam essa transformação, mas não devem fazê-lo de um jeito assim tão simples.

Surge a questão de saber se o *kairós*, assim como o *aevum*, não é uma fantasia desenraizada, em vez de uma ficção heurística. A maioria provavelmente concordará que, sem pensarmos muito a respeito, fazemos algum tipo de distinção conceitual entre dois modos de temporalidade. Em outras palavras, somos cientes de que algumas ocorrências no tempo são percebidas como distintas do *chronos*, do tempo comum. Mas, como é claro que essas ocorrências não são eternas, embora careçam das qualidades usuais do tempo comum ou passageiro, parece razoável pensar que elas têm um modo temporal distinto, um modo que talvez possa ser investigado por psicólogos, ou, alternativamente, emprestado da ordem de tempo que São Tomás de Aquino atribuiu aos anjos, ou, possivelmente, tratado de alguma outra maneira.

No entanto, como já observei, não me lembro de as discussões sobre o livro, que tinham muito a dizer sobre "tique-taque", por exemplo, terem prestado qualquer atenção ao *aevum*, conforme descrito no terceiro capítulo, ou proposto outras formas de lidar com a questão que o termo se dedicava a abordar. Fiquei um pouco decepcionado com o fato de a ideia não ter merecido comentários sérios. É difícil saber se essas lacunas críticas se abrem por causa de um consenso de que não vale a pena tocar no assunto ou porque o argumento é desconcertante demais ou obviamente equivocado, de maneira que seria infrutífero examiná-lo. Mas seria ingrato de minha parte encerrar expressando decepção com essas coisas. Só pode ser gratificante que o livro pareça seguir interessando leitores depois de trinta e tantos anos, e seria altamente presunçoso pedir mais atenção que isso.

Notas

1. O Fim [pp. 13-41]

1. Georg Roppen e Richard Sommer, *Strangers and Pilgrims*. Oslo, 1964, pp. 19 e 355; Rhys Carpenter, *Folk Tale, Fiction and Saga in the Homeric Epics*. Berkeley, 1958; e Erich Auerbach, *Mimesis*. Trad. de Willard Trask. Princeton, 1953. [Todas as notas de fim são do autor.]
2. "[...] um Poeta, lançado ao meio das coisas, mesmo onde mais lhe diz respeito, e ali, voltando às coisas passadas e adivinhando as coisas que estão por vir, faz uma bela análise de tudo." Sir Philip Sidney, *Apology for Poetry*.
3. *Apocalypse*. Londres, 1932; e *A Rebirth of Images*. Londres, 1949.
4. *The Tradition of the New*. Nova York, 1968.
5. Ortega y Gasset, *Man and Crisis*. Nova York, 1958.
6. Karl Jaspers, *Man in the Modern Age*. Londres, 1951, Introduction.
7. Rudolf Bultmann, *History and Eschatology: The Presence of Eternity*. Nova York, 1957.
8. Henri Focillon, *L'An mil*. Paris, 1952.
9. Veja, por exemplo, Morton W. Bloomfield e Marjorie E. Reeves, "The Penetration of Joachism into Northern Europe", *Speculum*, xxix (1954), p. 772; R. Freyhan, "Joachism and the English Apocalypse", *Journal of the Warburg and Courtauld Institutes*, xviii (1955), p. 22; Ruth Kestenberg-Gladstein, "The Third Reich", na mesma edição do *Journal of the Warburg and Courtauld Institutes*; e os trabalhos de Norman Cohn e Eric Hobsbawm mencionados a seguir.
10. A. L. Morton, *The Everlasting Gospel*. Londres, 1958.
11. Ver: Frank Kermode, "Spenser and the Allegorists" (British Academy Lecture). Londres, 1963.
12. Ver: Norman Cohn, *The Pursuit of the Millennium*. Londres, 1957.
13. Ver: Eric Hobsbawm, *Primitive Rebels*. Manchester, 1959.
14. Ver: Cyril Marystone, *The Coming Type of the End of the World*. Beirute, 1963.
15. Leon Festinger, Henry Riecken e Stanley Schachter, *When Prophecy Fails*. Nova York, 1964.
16. Alain Robbe-Grillet, *Pour un nouveau roman*. Paris, 1963, p. 168. As outras citações são da recente tradução de Barbara Wright, *Snapshots and Towards a New Novel*. Londres, 1965 (publicado em 1966).

17. No prefácio a *Roderick Hudson*.
18. R. G. Collingwood, *The Idea of History*. Oxford, 1949.
19. Herbert Butterfield, *Christianity and History*. Londres, 1949.
20. Rudolf Bultmann, *The Presence of Eternity: History and Eschatology*. Nova York, 1957.
21. Apud U. Simon, *The End Is Not Yet*. Welwyn, 1964, p. 57.
22. Josef Pieper, *The End of Time*. Londres, 1954, p. 20; H. H. Rowley, *The Relevance of Apocalyptic*. Londres, 1946. E. Lampert, *The Apocalypse of History*. Londres, 1958, p. 54, reflete sobre a posição existencialista de que "toda situação é um 'fim'".
23. Karl Popper, *The Open Society and Its Enemies*. Londres, 1945, II, p. 261.
24. Henri Focillon, *The Life of Forms in Art*. Trad. de C. B. Hogan e George Kubler. Ed. revisada. Nova York, 1958.

2. Ficções [pp. 43-72]

1. C. K. Ogden, *Bentham's Theory of Fictions*. Londres, 1932.
2. I. A. Richards, *The Philosophy of Rhetoric*. Nova York, 1936.
3. Ver: Ortega y Gasset, *Man and Crisis*, op. cit.
4. Ver: Hannah Arendt, *Between Past and Future*. Nova York, 1963.
5. Hans Vaihinger, *The Philosophy of "As If"*. Trad. de C. K. Ogden. Londres, 1934.
6. Ibid., pp. 12-3.
7. Carl Becker, *The Heavenly City of the Eighteenth-Century Philosophers*. New Haven, 1933.
8. G. J. Whitrow, *The Natural Philosophy of Time*. Nova York, 1959.
9. Paul Fraisse, *The Psychology of Time*. Londres, 1964.
10. Oscar Cullmann, *Christ and Time*. Londres, 1951.
11. John Marsh, *The Fullness of Time*. Nova York, 1952.
12. Ver: Helen Gardner, *The Limits of Literary Criticism*. Oxford, 1956.
13. Ver: James T. Barr, *Biblical Words for Time*. Londres, 1963.
14. P. M. Worsley, *The Trumpet Shall Sound*. Londres, 1957; e P. Lawrence, *Road Belong Cargo*. Manchester, 1964.
15. Georges Poulet, *Studies in Human Time*. Trad. de Elliott Coleman. Baltimore, 1956.
16. Suzanne K. Langer, *Feeling and Form*. Londres, 1953.
17. E. Curtius, *European Literature and the Latin Middle Ages*. Trad. de W. R. Trask. Nova York, 1953.
18. Grace E. Cairns, *Philosophies of History*. Nova York, 1962; e Mircea Eliade, *The Sacred and the Profane*. Nova York, 1959, p. 40.
19. E. H. Gombrich, "Moment and Movement in Art". *Journal of the Warburg and Courtauld Institutes*, xxvi (1964), p. 293.

20. Paul Fraisse, *The Psychology of Time*, p. 196.
21. Ver: Hannah Arendt, *Between Past and Future*, op. cit., p. 28.
22. Ver: "The Transcending of Time in History". In: Raymond Klibanski e H. J. Paton (Orgs.), *Philosophy and History*. Oxford, 1936.
23. Norman O. Brown, *Life Against Death*. Nova York, 1959, p. 95.
24. Paul Fraisse, *Psychology of Time*, p. 163.
25. W. Heisenberg, *Physics and Philosophy*. Nova York, 1962.
26. P. W. Bridgman, *The Way Things Are*. Nova York, 1959.
27. "Science and the Unconscious". In: Carl G. Jung, *Man and His Symbols*. Londres, 1964.
28. Ver: George Kubler, *The Shape of Time*. New Haven, 1962.

3. Mundo sem fim nem começo [pp. 73-95]

1. As páginas iniciais deste capítulo têm uma dívida geral com Etienne Gilson, *History of Christian Philosophy in the Middle Ages*. Londres, 1950; e Frederick Coplestone, S. J., *A History of Philosophy: II, Mediaeval Philosophy*. Londres, 1950. Qualquer pessoa que se aventure a escrever sobre *aevum* também tem uma dívida não apenas com o trabalho de Kantorowicz citado abaixo, mas com *Time and Eternity in Christian Thought*, de F. H. Brabant, 1937. Veja ainda o verbete *aevum* no *Dictionnaire de theologie catholique*, v. 5. Paris, 1939.
2. Ver: J. B. Priestley, *Man and Time*. Londres, 1964.
3. Ver: Thomas Mann, *Die Entstehung des Doktor Faustus*. Amsterdam, 1949, pp. 192-3, apud Margaret Church, *Time and Reality*. Chapel Hill, 1963, pp. 163-4.
4. Ver: Ernst Kantorowicz, *The Kings Two Bodies*. Princeton, 1957.
5. *De Anima*, 415b13, *Economics*, 134b24, e *De Generatione*, 331a8; e também Platão, *Laws*, 721. As passagens são discutidas por Hannah Arendt, *Between Past and Future*, op. cit., pp. 42, 230.
6. Ver: Robert Ellrodt, *Neoplatonism in Spenser*. Paris, 1961.
7. S. H. Butcher, *Aristotle's Theory of Poetry and Fine Art*. Nova York, 1951, p. 331n.
8. M. P. Tilley, *A Dictionary of the Proverbs in England*. Ann Arbor, 1950.
9. John Milton, *Paradise Regained*, p. 269.

4. O Apocalipse moderno [pp. 97-128]

1. Erich Auerbach, *Mimesis*. Trad. de Willard Trask. Princeton, 1953; e *Literary Language and Its Public*. Trad. de Ralph Manheim. Londres, 1965.
2. H. M. McLuhan, *The Gutenberg Galaxy*. Londres, 1962, e *Understanding Media*. Londres, 1964.

3. P. A. Sorokin, *Social Philosophies in an Age of Crisis*. Londres, 1952.
4. Ver, por exemplo: Lionel Trilling, *Beyond Culture*. Londres, 1966.
5. Harold Rosenberg, *The Tradition of the New*. Nova York, 1962; e *The Anxious Object*. Nova York, 1964.
6. E. H. Gombrich, *Art and Illusion*. Londres, 1960; e *Meditations on a Hobby Horse*. Londres, 1963.
7. Para um estudo sobre essa ideia, ver Alfred Stein, "Fiction and Myth in History", *Diogenes* 42 (1963), p. 98.
8. Norman Cohn, *The Pursuit of the Millennium*. Londres, 1957, p. 63.
9. Jean-Paul Sartre, *Situations*, traduzido por Benita Esler. Londres, 1965, p. 216.
10. Ihab Hassan, "The Subtracting Machine", *Critique* (1963), p. 4.
11. *Times Literary Supplement*, 6 ago. e 3 set. 1964.
12. Para um comentário relevante e abrangente, veja Geoffrey Wagner, *Wyndham Lewis*. Londres, 1957.

5. Ficção literária e realidade [pp. 129-54]

1. Ortega y Gasset, *Meditations on Quixote*. Trad. de Evelyn Rugg e Diego Martin. Nova York, 1961, p. 135.
2. "Against Dryness", *Encounter*, jan. 1961.
3. A. S. Byatt, *Degrees of Freedom: The Novels of Iris Murdoch*. Londres, 1965.
4. Paul Tillich, *The Courage to Be*. Londres, 1952.
5. Jean-Paul Sartre, *Les Mots*. Paris, 1964; *The Words*. Trad. de Irene Cleophane. Londres, 1964. Outras obras de Sartre mencionadas neste capítulo são *L'Être et le néant*. Paris, 1943 (traduzido para o inglês por Hazel E. Barnes como *Being and Nothingness*. Londres, 1957); *La Nausée*. Paris, 1938 (traduzido para o inglês por Lloyd Alexander, Nova York, 1959); *Les chemins de la liberté*. Paris, 1945, 1949 (traduzido para o inglês por Eric Sutton e Gerard Hopkins como *The Roads to Freedom: The Age of Reason, The Reprieve, Troubled Sleep*, Nova York, 1947, 1950); *Literary Essays*. Trad. de Annette Michelson. Nova York, 1955; *Qu'est-ce que la littérature?* (in *Situations II*. Paris, 1948) (traduzido para o inglês por Bernard Frechtman. Nova York, 1949); *L'Existentialisme est un humanisme*. Paris, 1946 (traduzido para o inglês por Philip Mairet como *Existentialism Is a Humanism*. Londres, 1948).
6. Mary Warnock, *The Philosophy of Sartre*. Londres, 1965, p. 32.
7. W. D. Ross, *Aristotle*. Nova York, 1959, p. 173.
8. Ver: *La Force de l'âge*. Paris, 1960 (traduzido para o inglês por Peter Green como *The Prime of Life*. Londres, 1965, p. 543).
9. Jan Kott, *Shakespeare Our Contemporary*. Trad. de B. Taborski. Nova York, 1964.
10. Simone Weil, *La Pesanteur et la grâce*. Paris, 1947; traduzido para o inglês por Emma Craufurd como *Gravity and Grace*. Londres, 1952, p. 28.

11. Philip Thody, *Jean-Paul Sartre*. Londres, 1960, p. 14.
12. Simone de Beauvoir, *The Prime of Life*, p. 284.
13. C.-E. Magny, "The Duplicity of Being". In: *Sartre* (Twentieth Century Views). Org. de Edith Kern. Englewood, 1962, p. 21.
14. *Sartre: The Origins of a Style*. New Haven, 1961.
15. Alain Robbe-Grillet, *Pour un nouveau roman*. Paris, 1963, p. 165.
16. Ver: Peter Brooks, "In the Laboratory of the Novel", *Daedalus*, primavera 1963, p. 265.

6. Confinamento solitário [pp. 155-81]

1. *Solitary Confinement*. Londres, 1952. 2. ed., 1961; Four Square paper, 1964.
2. Stephen Toulmin e June Goodfield, *The Discovery of Time*. Londres, 1965.
3. Earl R. Wasserman, *The Subtler Language*. Baltimore, 1959.
4. J. Hillis Miller, *The Disappearance of God*. Londres, 1963, p. 178.
5. Ver as cartas a Sarah Hennell e John Blackwood citadas por Miriam Allott, *Novelists on the Novel*. Londres, 1959, p. 250.
6. "Spatial Form in Modern Literature", *The Widening Gyre*. New Brunswick, 1963.
7. Ver: Arnold Goldman, *The Joyce Paradox*. Londres, 1966.
8. Ver: Philip Larkin, "Reference Back", *The Whitsun Weddings*. Londres, 1964.

Epílogo [pp. 183-200]

1. "Revelation". In: Robert Alter e Frank Kermode, *The Literary Guide to the Bible*. Cambridge: Harvard University Press, 1987, p. 539.
2. Para um estudo detalhado, ver: David Ewing Duncan, *The Calendar*. Londres: Fourth Estate, 1998.
3. Algumas dessas questões são discutidas de maneira um tanto acalorada em *Addressing Frank Kermode: Essays in Criticism and Interpretation*. Org. de Margaret Tudeau-Clayton e Martin Warner. Londres: Macmillan, 1991. Volto ao tema mais adiante.
4. Paul Ricœur, *Time and Narrative*. Chicago: Chicago University Press, 1984; Wolfgang Iser, *The Fictive and the Imaginary*. Baltimore: The Johns Hopkins University Press, 1993.
5. *Poetry and Prose of William Blake*. Org. de Geoffrey Keynes. Londres: The Nonesuch Press, 1939, p. 637.
6. *I Henry IV*, v. IV, pp. 81-3.
7. Ver: *The Genesis of Secrecy*. Cambridge: Harvard University Press, 1979.
8. "Trances". In: *The Paperbark Tree*. Londres: Minerva, 1993, reimpresso em *Real Voices on Reading*. Org. de Philip Davis. Londres: Macmillan, 1997, p. 77.
9. Wolfgang Iser, op. cit., cap. 4.

The Sense of an Ending: Studies in the Theory of Fiction, Frank Kermode © Oxford University Press, Inc., 1966, 1967, 2000

The Sense of an Ending *was originally published in English in 1966. This translation is published by arrangement with Oxford University Press. Todavia is solely responsible for this translation from the original work and Oxford University Press shall have no liability for any errors, omissions or inaccuracies or ambiguities in such translation or for any losses caused by reliance thereon.*

O sentido de um fim foi publicado originalmente em inglês em 1966. Esta tradução foi publicada mediante acordo com a Oxford University Press. A editora Todavia é a única responsável pela tradução feita da obra original, e a Oxford University Press não se responsabiliza por quaisquer erros, omissões, imprecisões ou ambiguidades na tradução ou por quaisquer perdas causadas em decorrência dela.

Todos os direitos desta edição reservados à Todavia.

Grafia atualizada segundo o Acordo Ortográfico da Língua Portuguesa de 1990, que entrou em vigor no Brasil em 2009.

capa
Túlio Cerquise
preparação
Laura Folgueira
revisão
Gabriela Rocha
Ana Maria Barbosa

Dados Internacionais de Catalogação na Publicação (CIP)

Kermode, Frank (1919-2010)
O sentido de um fim : Estudos sobre a teoria da ficção / Frank Kermode ; tradução Renato Prelorentzou. — 1. ed. — São Paulo : Todavia, 2023.

Título original: The Sense of an Ending : Studies in the Theory of Fiction
ISBN 978-65-5692-377-2

1. Teoria literária. 2. Literatura. 3. Crítica literária. 4. Apocalipse. 5. Ensaio. I. Prelorentzou, Renato. II. Título.

CDD 801

Índice para catálogo sistemático:
1. Literatura : Teoria e filosofia 801

Bruna Heller — Bibliotecária — CRB 10/2348

todavia
Rua Luís Anhaia, 44
05433-020 São Paulo SP
T. 55 11. 3094 0500
www.todavialivros.com.br

fonte
Register*
papel
Pólen natural 80 g/m²
impressão
Geográfica